Liebe, Tod und Spiel

Ausgewählte Erzählungen
von Nadja Einzmann,
Judith Hermann und
Maike Wetzel

Texte . **Medien**

Liebe, Tod und Spiel

Ausgewählte Erzählungen von Nadja Einzmann, Judith Hermann und Maike Wetzel

Erarbeitet von Peter Bekes
und Heinz Reichling

Schroedel

Texte . Medien

Herausgegeben von
Peter Bekes und Volker Frederking

ISBN 3-507-47007-1

Druck A 5 4 3 2 1 / Jahr 07 06 05 04 2003
Alle Drucke der Serie A sind im Unterricht parallel verwendbar,
da bis auf die Behebung von Druckfehlern untereinander unverändert.
Die letzte Zahl bezeichnet das Jahr dieses Druckes.
Gedruckt auf Papier, das nicht mit Chlor gebleicht wurde. Bei der
Produktion entstehen keine chlorkohlenwasserstoffhaltigen Abwässer.

Reihentypografie: Iris Farnschläder, Hamburg
Satz: UMP Utesch Media Processing GmbH, Hamburg
Druck: Clausen & Bosse, Leck

Das Texte . Medien -Programm zu »Liebe, Tod und Spiel«:
3-507-47007-1 Textausgabe mit Materialien
3-507-47107-8 Arbeitsheft
3-507-47207-4 Informationen für Lehrerinnen und Lehrer

Informationen und Materialien im Internet:
www.schroedel.de/textemedien

Inhalt

Materialien

Biografie

Entstehung

Verstehen und Deuten

Lebensräume

Lieben

Bilder einer Generation

Vorwort

Die drei Autorinnen, deren Erzählungen hier erstmals in einer Anthologie zusammengestellt worden sind, gehören einer Generation an. Sie sind in den siebziger Jahren des letzten Jahrhunderts geboren, begannen Anfang der neunziger Jahre zu schreiben und debütierten erfolgreich mit ihren Erzählungsbänden: Nadja Einzmann mit »Da kann ich nicht nein sagen« (2001), Judith Hermann mit »Sommerhaus, später« (1998) und Maike Wetzel mit »Hochzeiten« (2000). Ihnen sind die hier abgedruckten Erzählungen entnommen. Deren Themen sind zumeist Identitäts- und Beziehungsprobleme. Die Erzählungen handeln von Liebe und Vergänglichkeit, vom Unbehagen und Leiden an der Normalität und verpassten Gelegenheiten. Sie vermitteln Einblicke in die Schreibprozesse von jungen Autorinnen, in denen aus unterschiedlichen Perspektiven und in je eigenen Sprachformen die Welt des Alltags mit ihren Sehnsüchten und Entfremdungsschäden literarisch verarbeitet wird. Das macht sie attraktiv für einen Deutschunterricht, der sich der aktuellen Gegenwartsliteratur öffnen, für die Schüler(innen) neue Leseanreize und Denkanstöße schaffen möchte. Hier finden sie Menschen und Probleme aus ihrer Lebenswelt wieder, gleichzeitig werden sie aber auch dazu ermuntert, diese neu zu sehen und verstehen zu lernen. Das geschieht nicht durch spektakuläre Handlungsverläufe, durch »unerhörte Begebenheiten«. Was die Geschichten des Buches für Schüler(innen) interessant macht, sind die kleinen Gesten und unscheinbaren Äußerungen der Figuren, die Augen-Blicke, in denen sie einander zu verstehen oder nicht zu verstehen scheinen.

Um die Arbeit mit den Erzählungen der Autorinnen zu erweitern und zu vertiefen, ist ihnen ein Teil mit Materialien hinzugefügt worden. In diesem finden die Schüler(innen) in Form von Texten und Bildern weitere Hintergrundinformationen zu den Autorinnen und ihrem literarischen Selbstverständnis, den Themen, Formen und Wirkungen ihrer Geschichten sowie Arbeitsanregungen, die verschiedene didaktische Angebote zur Erschließung der jeweiligen Texte in bestimmten Unterrichtsvorhaben machen.

Ein gesondertes Arbeitsheft bietet zudem mannigfaltige produktions- und handlungsorientierte Anregungen zur Beschäftigung mit den Erzählungen an.

Nadja Einzmann

Da kann ich nicht nein sagen 2001

Da kann ich nicht nein sagen

Mein Liebster ist einer, auf den zu warten sich lohnt. Er mag mich, und das genügt mir. Da bin ich gerne sein Haus und sein Hof und prüfe das Dach und öle die Tür, tagein, tagaus, und warte. Es ist eine Nacht, in der er so zu mir kommen wird, übers Feld, und die Sterne werden dröhnen und der Mond pubbern und pulsen, meinem Liebsten zur Begrüßung. Noch lebt er unter anderem Himmel und forscht und strebt und leckt sich die Zungenspitze wund zwischen den Büchern, er hat es mir oft geschrieben. Da kann ich nicht nein sagen und beiseite treten und lasse ihn nicht vorbei: in einer anderen Stadt einer anderen Frau. Da kann ich nicht nein sagen. Und so einen Liebsten hätte ein jeder gern, und hat er ihn nicht, erträumt er ihn. Ich sehe zum Fenster hinaus und sehe ihn kommen, ein Schatten auf dem Weg. Und der Kies wird knirschen unter seinen Füßen, und meine Hand, gestützt auf die Fensterbank, wird schwer werden, meine wartende Hand.

pubbern
ein klopfendes Geräusch von sich geben

Tod oder nicht Tod

Sie friert, in ihrem dünnen Pullover friert sie, und er bietet nicht an, sie zu wärmen. So gehen sie, über die Autobahnbrücke gehen sie, die Schlossstraße entlang gehen sie und biegen dann in die Schrebergärten ein. Er hat ganz vergessen, sie zu fragen. Ob sie verliebt ist in ihn, das vielleicht, oder warum sie ihn beherbergen wird heute Nacht. Was für Männer und wie viele, das könnte er fragen. Ob sie Sex für eine außerordentliche Angelegenheit hält oder vielmehr für ein harmloses Vergnügen. Ob es einen Gott gibt, der über sie wacht, über sie beide, und ihnen eine Geschichte anpassen wird. Steck deine Hand in meinen Mantel, auch darüber würde sie sich freuen. Stattdessen gehen sie, er erzählt ihr nicht, woher er kommt, aus welchem Bett und wie seine Freundin schmeckt, und sie weiß nicht, warum er hier ist. Mit ihr zu reden? Worüber? Dass nach dem Tod kein Weiterleben sein wird? Dafür geht sie mit ihm doch nicht durch die Kälte. Tod oder nicht Tod. Was denkt er sich denn? Sie hat keine Zeit zu verschenken. Sie leiht ihm nicht ihr Ohr, weil er ein guter Erzähler ist oder ein großer Denker. Sie wartet darauf, dass er etwas zu ihr hin sagt: Ich will dein Mann im Mond sein oder dein einziger Geliebter. Ich möchte dir den Briefkasten vollschütten, ein Brief für jeden Kuss. Ich möchte deine Zehen in den Mund nehmen, deine Pobacken, eine in jede Hand. Ich möchte Musik hören und zu Freddy Mercury ein und aus gleiten in dir. Stattdessen gehen sie. Sie hält ihm ihre Hand hin. Und er nimmt sie und schwingt sie, als sei das alles keine ernste Angelegenheit.

dein Mann im Mond sein etwa: dein Traummann sein

Freddy Mercury Sänger der Popgruppe »Queen« (1946–1991)

Hochzeiten

Vermutlich war es, weil ich meine Schwester immer bewundert habe: Einmal in ihrer Haut stecken, in dieser rosig weichen Haut, ich hätte alles dafür gegeben. Und ihr Lächeln lächeln: diese Grübchen und die Augen zu kleinen, glücklichen Schlitzen.

»Wir werden heiraten!«, hatte sie zu mir gesagt und ihrem Liebsten fest die Hand gedrückt. »Freust du dich für mich?«

»Natürlich«, habe ich gesagt, sie umarmt, ging auf mein Zimmer und weinte die ganze Nacht. Es würde eine Hochzeit werden aus Zuckerguss. Rote Herzballone würden in den Himmel fliegen, es würde vielstöckigen Erdbeerkuchen geben, zierlich sahneweiß umrankt.

Und als das Ave-Maria von der Empore erklang, weinte ich mit allen, und als sie sich ihr Jawort gaben, wurden meine Schluchzer vom A und O der Menge überraunt.

Ave-Maria Vertonung des Gebetes »Gegrüßet seist du, Maria« von J. S. Bach

Empore erhöhter Sitzraum in der Kirche

Ich habe ihn nie gemocht, diese viel zu blauen Augen und Engelslöckchen bis zum Kinn. Und sein Lächeln immer an mir vorbei ins Leere. Aber den Schleier hätte ich mir aus dem Gesicht streichen mögen vor dem Altar und ihm meinen Mund reichen. Ich hätte mich ihm entgegenrecken mögen zart und klein auf weißen Stöckelschuhen.

Es hätte ein schöner Abend werden können. Die Braut tanzte Samba im weißen Kleid, und jeder machte jedes Spielchen mit. Mir war nicht danach. Ich saß in einer Ecke, trank Pfefferminztee und gab Acht, dass mir keiner zu nahe kam.

Samba brasilianischer Tanz

Ich weiß nicht mehr, wann ich zu Wein übergegangen bin, wann zu Schnaps. Nur noch, dass mir irgendwann einer in die rot geweinten Augen sah, mir die Hand hielt. Neben ihm erwachte ich am nächsten Morgen, er brachte mir Kaffee ans Bett und strich mir Marmelade aufs Brötchen.

Hätte er nicht ja gesagt, es wäre nichts geschehen. Ich hätte weiter in meinem Kämmerchen unter dem Dach leben und nur mit Tauben und anderem Gefieder Umgang halten können. Ich hätte zurückgefunden zu meinem friedlichen Leben ohne Spiegel und in weiten Pyjamas. Aber er sagte ja und nahm meine Hand und drückte sie fest. Er strich mir das Haar aus dem Gesicht und küsste mich. Und da blieb mir nichts übrig. Und obwohl ich es nicht wollte. Ich sagte zu meiner Schwester: »Ich werde heiraten! Freust du dich für mich?« Da fiel sie mir um den Hals und begann mit mir die Einzelheiten zu besprechen. Rote Herzballone sollten in den Himmel fliegen. Und eine Kutsche, ja, vielleicht eine Kutsche. Ich war müde, als ich von ihr ging. Und legte mich sofort schlafen. An die Hochzeit erinnere ich mich nicht. Ich erwachte und war verheiratet. Er ist nicht der Schlechteste. Er putzt mir die Schuhe und kocht. Es macht Spaß, mit ihm das Bett zu teilen. Aber die Hochzeit fehlt, mir ist, als wäre keine gewesen.

Jeremy

Er ist kein Mann von besonderen Gaben, und natürlich ist ihr das bewusst. Er schlägt die Beine übereinander, wenn er in Gesellschaft ist, und betastet verlegen seine Knie. Er setzt sich, lang wie er ist, auf das zierlichste Sofa, und aus dem Schatten einer Zimmerpalme heraus wirft er dunkle Mäuseblicke in den Raum. Auch taugt er nicht zur Unterhaltung und gibt sich Mühe immer mit dem falschen Wort. Ruhig, muss sie ihm sagen, wenn er auf der ausgebleichten Seide der Polsterung hin und her rutscht, nur ruhig. Er hat feines, braunes Haar und sein Bartwuchs ist wenig ausgeprägt. Er ist rührend, sagen ihre Freundinnen, und mit ihm bist du auf der sicheren Seite. Und tatsächlich kommt es vor, dass sie weint auf dem Nachhauseweg, und dann tröstet er sie und hält ungeschickt ihre Hand.

Meine Cousinen

Mit meinem Geliebten kann ich mich nicht sehen lassen. Ja, sagen beide, und das tut mir weh. Er ist zu lang und hat keine breiten Schultern. Er lacht zu laut, er röhrt, dass Leute sich umdrehn nach ihm und schütteln die Köpfe. So viel Missbilligung, aber ich halte sie aus. Und dass er feuchte Hände hat und empfindliche rote Haut und dass ich auf einen Stuhl steigen muss, um ihm allen Ernstes in die Augen zu sehen, all das. Ich würde ihn nicht eintauschen wollen, gegen keinen.

röhrt brüllt, schreit

Und wenn sie an mir vorbeiflanieren die gut aussehenden Männer, schmalhüftig und weichlippig, ich schau ihnen nicht in die Augen. Ich greife mir die Hand meines Geliebten und presse sie sehr fest.

vorbeiflanieren vorbeischlendern, vorbeigehen

Wisst ihr, sage ich meinen Cousinen, während unsere Gabeln in den Kuchen fahren: Ich habe auch einmal geglaubt natürlich, dass weiße Zähne und ein schiefes, sexy Lächeln die halbe Miete seien und der Weg zum Glück. Ja, das habe ich geglaubt. Und was hatte ich davon? Von den Schönen, den Charmanten, den Klugen, den gut Gekleideten? Alle habe ich sie unter meine Decke gelassen, ihnen ein warmes Plätzchen bereitet an meiner Seite. Zugehört habe ich ihnen und große, bewundernde Augen gemacht. Sie fühlten sich verstanden von mir, und dass sie im Bett rauchen durften, hat sie gefreut. Sie kamen gerne wieder. Aber dass einer sich mit meinem Bauchnabel befasst hätte in all der Zeit, oder mit der zarten Haut meiner Kniekehlen ... Sanft ist er, mein Geliebter, ihr glaubt nicht, wie sanft er ist. Er atmet in die Härchen zwischen meinen Beinen, bis sie sich vor Vergnügen kringeln. Er zaubert zwischen meinen Zehen. Und wenn wir beieinander liegen in unserem Himmelbett, lacht er nur sehr leise. Du, sagt er, ach, du.

Charmanten Liebenswürdigen, Bezaubernden

Ja, es kommt vor, dass wir in Gesellschaft sind und ich an anderes denke. Ganz unruhig wird mir dann, und ich fasse unter dem Tisch nach seinem Knie. Ich drücke mich an ihn, so dicht es geht, wenn wir durch die Straßen laufen, und er muss mir den Arm um die Taille legen. Ja, so ist es, sage ich meinen Cousinen, und jetzt muss ich nach Hause.

Narzissen für über den Tag

So, sagt sie sich, das war es, ein für alle Mal war es das. Sie hat lange genug auf seinen Beistand gewartet und auf ein entgegenkommendes Wort. Auch sie hat Gefühle und Gedanken, die mitgeteilt sein wollen. Aber davon will er nichts wissen. Sie hat ihm lange genug zärtlich geschrieben, als sei er diese Investition wert, und in den Umschlag gepackt, was ihr unter die Finger kam: einen Grashalm, der sich in ihrem Schuh fand, nach dem Nachmittag in den Wiesen; eine Skizze, sie könne nicht gut zeichnen, aber: wisse er, was gemeint sei?

Investition Einsatz

Narzissen hat sie ihm geschickt, die Knospen noch geschlossen und unscheinbar in einer Papprolle, dass sie aufblühen für ihn über Nacht, weil, es wird eine harte Woche. Sicher, sie hätte sich kühler zeigen sollen, und nicht, als hätte sie ihn nötig. Sich rar machen, nicht immer nicken und nicken zu jedem Vorschlag und als hätte sie reichlich Zeit. Ob er sich freue, wenn etwas ankomme von ihr, hat sie ihn gefragt. Natürlich freue er sich – immer, und wenn sie täglich schriebe, auch dann würde er sich freuen und freuen. Nur bliebe ihm nicht viel Zeit zurückzuschreiben, das wisse sie ja.

Narzissen im Frühjahr blühendes Zwiebelgewächs, »Osterglocken«

Er ist vergesslich. Was sie ihm erzählt über sich, weiß er die Woche darauf nicht mehr. Und er bringt ihr Erdbeeren mit an einem Abend und ist sehr stolz darauf und weiß nicht mehr, dass sie dagegen allergisch ist. Dabei hat sie ihm die Geschichte erzählt, als sie fünfzehn war und Erdbeeren aß, bei ihrem ersten Rendezvous, und dann war ihr die Zunge ganz pelzig und wund und das Küssen war eine Qual. Das hat sie ihm erzählt, als sie beisammenlagen, und er hielt sie um die Taille gefasst und lachte, und jetzt bringt er ihr Erdbeeren mit und weiß es nicht mehr. Auch hat er vergessen, dass ihr der Schweiß ausbricht, wenn sie länger als drei Stunden im Theater sitzen muss und das Bühnenlicht so weiß ist, dass die Ge-

allergisch überempfindlich

sichter der Schauspieler bleich sind und wie tot. Er hat Theaterkarten dabei und ist ratlos, als sie sich nicht freut, und steht da mit hängenden Armen. Er kann nichts dafür, sie versteht das. Er hat eine Familie zu versorgen und einen Beruf, der ihn auffrisst, er schläft keine Nacht mehr als fünf Stunden, und sein Sohn kriegt Zähne, und seine Frau will, dass er nach ihm schaut. Sie sieht die Ringe unter seinen Augen, und wenn er lacht, ist es ein trauriges Lachen. Auch er will etwas abhaben vom Leben, wenigstens etwas, und dafür hat er sie. Sie ist warm und zahm, und sehr, sehr verliebt. Dass er sie nicht liebt, weiß sie, aber wenigstens tut es ihm Leid, und manchmal ist er zaghaft am Telefon und schuldbewusst, dass sie ihn umarmen möchte.

Das ist kein Leben, nicht für eine Frau wie sie, und heute hat sie es ihm gesagt. Sie geht die Straße entlang, die Sonne scheint. Eine Telefonzelle kommt in Sicht, und sie geht vorbei. Was wird er tun ohne sie? Leer wird sein Leben sein und voll von Menschen, denen er nichts bedeutet. Wird er auf sich Acht geben, wenn keiner mehr nach ihm sieht? Mager war er immer, und seine Anzüge flatterten ihm um die Hüften. Und traurige Augen hatte er.

Er wird sich eine andere suchen. Nicht daran denken! – Sie geht schneller. – Ja, das wird er.

Etwas zu erzählen?

Es lässt sich leben an so einem Tag. Nicht dass mir leicht wäre, das nicht. Ich lebe so dahin. Kein Pulsen um die Herzgegend, Gott sei Dank. Vielmehr ein Strömen, ein zartes Vibrieren in den Armen, die Beine hinab und im Bauch, als wären meine Adern mit Lammfell ausgespannt und die feinen Härchen zausten mein Blut.

Sie ist nicht nach Hause gekommen, gestern nicht und heute auch nicht. Ein Versehen vielleicht, eine Vergesslichkeit, hatte ich mir gedacht. – Aber natürlich, dass er sie mit seinen jungen Armen um die Taille gefasst hat und die Feuchtigkeit ihres Mundes durchforscht mit seiner blitzlebendigen Zunge. Da kann es kein Zurück mehr geben für sie zu mir.

Sie ist mir ans Herz gewachsen auf eine Art, die nicht gut war: Nach Reden war mir selten zumute in den letzten Jahren, sie begriff vieles nicht, und ihr Körper bedeutete mir immer weniger in der Zeit. Aber sie musste um mich sein, ihr Atem die Luft meines Zimmers pflügen, dass mir Gedanken kamen und Worte flossen. Ohne sie bin ich nichts.

Warum soll sie nicht tanzen gehen, hatte ich mir gedacht. Dass so ein luftiges Röckchen ihre Schenkel umspielt und dass sie einmal wieder tief Atem holen kann. Ein wenig Röte um die Wangen und wäre ein Rhythmus in ihr die nächsten Tage, dass auch mir leichter würde ums Herz. So habe ich mir gedacht und ihr freundlich zugenickt. »Ja«, habe ich gesagt, »mach nur. Das wird dir gut tun.« Ich war nicht ängstlich. Gar nicht ängstlich bin ich gewesen. Den Abend nicht, und auch noch nicht in der Nacht. Mein Bauch lag warm auf dem Laken, und die Arme hatte ich mir um den Kopf gelegt wie stets. Kaum ein Gedanke an sie. Ein kleines Sehnen vielleicht, ein angenehmes, müheloses.

Gegen Mittag war ich aufgewacht und habe sie nicht gehört. Stille im ganzen Haus, kein Brummen von der Straße her, kein Ziehen im Holz. Sie fehlte, dass mir die Ohren schmerzten, und mein Herz schlug los, dass ich meinte, es würde mir aus der Brust hüpfen.

Dass sie viel Zeit vor dem Spiegel verbracht hätte die letzten Jahre, kann ich nicht sagen. Aber an diesem Abend hat sie sich Mühe gegeben. Ich habe ihr die feine, silberne Kette um den Hals legen müssen. Und tatsächlich habe ich sie in den Nacken geküsst bei dieser Gelegenheit, wie ich es lange nicht getan habe. Sie roch nach Vanille und nach etwas anderem. Ich habe sie nicht gefragt, nach was.

Mit allzu beweglichen Hüften ist sie den Weg hinuntergegangen zum Wagen. Warum nur, habe ich mich noch gefragt, hat sie das nötig? Aber dann bin ich ins Haus zurückgegangen. Habe mir Teewasser aufgesetzt und ins Pfeifen des Teekessels hinein mir keine Gedanken mehr gemacht um sie und mich.

Der Hund lag vor dem Kamin wie immer, und wie sollte ich da auf etwas kommen. Tatsächlich in Pantoffelstimmung war ich an diesem Abend und löste die Krawatte und ging nur in Strickjacke und weichen Hosen herum.

Pantoffelstimmung **in gelöster, lässiger Stimmung**

Mit mir kann man sich einiges erlauben, habe ich mir gedacht. Ich bin gut zu ihr. Und habe mich an den Schreibtisch gesetzt, die Arme recht weit ausgespannt, und mir ein Blatt Papier bereitgelegt. Als mir nichts aufzuschreiben einfallen wollte, verbrachte ich den Abend in Gemütlichkeit, zog mir ein Buch, ein dickes, staubiges, aus dem Regal und legte mich im Sessel zurecht.

Was hätte ich dort verloren gehabt? Das harte Umta-umta des Schlagzeugs würde mir noch nächtelang den Schlaf geraubt haben, und zuckende Lichter haben mir nie etwas bedeutet. Ihr würden sie in die Glieder fahren, und das war gut so. Dass ihre Muskeln sich spannen und entspannen könnten und ihr Atem ein und aus führe, ein und aus. Hell würde sie sein, wenn sie zurückkäme und leicht, und ihr Lachen würde meinem Zimmer eine andere Tönung geben.

Ich habe sie wenig gefragt, die letzten Jahre, und sie hat mir nichts gesagt. So ist das, wenn die Herzen im Gleichklang schlagen, hatte ich mir gedacht. Worte braucht, wer eine andere Sprache nicht zu sprechen versteht. Sanft war sie, wie sie es manchmal ist, dass ich nichts gespürt habe und habe mir mein Teil nicht gedacht. Allerlei Konserven hat sie eingekauft in den letzten Wochen, und Öl wurde geliefert und Kohle. »Dass du es warm hast.« Und dass sie mir Kleinigkeiten erklären wollte, die ich bisher niemals wissen musste. Warum?, habe ich gefragt. Darum, hat sie gesagt. Vielleicht dass da schon ein Tanzen in ihr war auch ohne jenes zuckende Licht und ein Rhythmus ganz ohne Schlagzeug.

Ich werde mir keine Fragen mehr stellen. Mit Fragen helfe ich mir wenig. Und dass sie das Auto nicht heimlich gegen Abend abgestellt hat vor dem Haus, lässt mich hoffen. Ich stehe am Fenster, sehe in das graue Licht hinaus. Müde werde ich, dass mir die Lider manches Mal über die Augen gleiten wollen. Aber dann regt sich etwas dort, wo der Wald beginnt, oder es zuckt ein Schatten über die Straße. Wenn sie käme, ich würde ihr aufmachen, den Autoschlüssel ihr vom Ringfinger ziehen und ihn zurücklegen dorthin, wo er immer liegt. Ich würde sie um die Taille fassen und ins Esszimmer führen. Dann würde ich eine Kerze anzünden oder zwei, die Stehlampe schwach im Hintergrund. Etwas zu erzählen?, würde ich sagen.

Und bringt es ins Gespräch

Es ist so, sagt mein Liebster, dass ich dich nur schwer ertragen kann. Du fällst mir zu sehr auf. Wenn du durch die Wohnung gehst, knarren und knarzen die Dielen, und der Boden schwingt, dass eine Herde Antilopen auf der Flucht noch leiser ist als du. – Aber, sage ich, ich kann nichts dafür. Es muss an meiner Kindheit liegen. Ich trete fest auf, damit ich gehört werde, und hättest du sechs Geschwister und eine schwerhörige Großmutter gehabt, du trätest auch fest auf. – Tut nichts zur Sache, sagt mein Liebster, rede dich nicht heraus. Auch bist du kein ordentlicher Mensch, wie du weißt, es stapeln sich deine Bücher und Zettel mittlerweile in allen Zimmern, dass ich Mühe habe, auch nur ans Fenster zu treten, und der Weg zum Klo ist keine leichte Sache mehr. Dann die Cornflakeskrümel in Sofa und Sesselritzen. Ganz zu schweigen von Fingertapsen an Türen und Lichtschaltern und Kühlschrankgriffen.

Du musst, sagt er, ausgelagert werden. Und bringt es ins Gespräch.

knarzen **ein dumpfes Geräusch erzeugen**

Antilopen **in Afrika und Asien lebende Herden- und Säugetiere**

Fingertapsen **sichtbare Fingerabdrücke**

Ein Hundeblick, so war er früher nicht

Sie ist eine Herausforderung, und es ist kein Durchbrechen zu ihr. Sie hält ihre Fenster geschlossen. Ich brauche niemanden und nichts, auch dich nicht, wenn er nachfragt, und manchmal macht sie ihm Angst. Dass sie ihm ihren Busen hinüberreicht: »Geht schon« und »es macht mir ja nichts aus« und sie schleckt an seinem Finger und bringt ihn um die Vernunft. »Ich denke«, sagt sie. Ihre Augen versonnen ins Weite, und ihre Lippen treiben ihr Spiel wie Katzenkinder und haschen und verlieren. Und sie schaut aus dem Fenster, als hätte sie damit das wenigste zu tun. »Ich denke nach über den Himmel, wenn er blau ist im Sommer oder fahl wie heute oder mit Sternen, dass er sich erstreckt in den Raum. Hellblau ist er eine Fläche und straff gespannt – ein Fünfziger-Jahre-Himmel, dass man sich beschützt glaubt. – Tu den Fuß dort weg.«

fahl grau, blass

Er hat es nicht leicht. Es ist ein Wagnis mit ihr. Sie lacht ihn aus. Wenn sie vögeln, hält er die Augen geschlossen. Er weiß, wenn er aufsieht, dass sie ihn ansieht spöttisch aus Lichtjahrenentfernung mit dieser kühlen Zärtlichkeit. Ein Hamster im Laufrad, der müht sich vergebens.

Lichtjahrenentfernung unvorstellbar große Entfernung

Vier Jahre, die er sie kennt. Zeit genug, ihn aus dem Leben zu bringen. Er hat seinen Rhythmus verloren. Glücklich ist er nur, wenn er mit *ihr* ist, und nie leidet er mehr. Dann sieht er alle Hoffnungen begraben, und wie er auch greift nach ihrer Hand und ihren Blick sucht, immer ist es ihm eine schreckliche Bestätigung. Wie zufällig ihre Finger in seiner Faust liegen. Da ist nichts in ihr, das ihn braucht. Und doch darf er sie nicht verlieren. Es ist diese Angst in ihm, die größer ist als alles. Und wenn er ausgeht mit ihr, macht sie sich einen Spaß daraus – und flirtet, es ist ihr ganz egal mit wem. Manchmal wird er dann wütend, manchmal nur still und legt wortlos das Geld auf die Bar. Kommst du? Ein Hundeblick, so war er früher nicht. »Calm down. Ihr bedeutet mir nichts. Du nicht, und auch sonst keiner. Es ist ein Spiel.«

Sie kleidet sich, wie er es gern mag. Ihre T-Shirts eng, aus rauem, durchsichtigem Stoff und bunt, wie Lieder der Beachboys, und sie flicht sich Blumen aus Plastik ins Haar. Solche Beine möchte ich haben, hört er eine Frau sagen, als er sie an der Schulter durchs Café führt. Und wir sind hier nicht im Schwimmbad, eine andere. Glatte braune Beine. Mit feinen blonden Härchen darauf. Und eine Hose ist das eigentlich nicht, das sie da trägt, sie weiß das sehr gut, und es ist ihr eine ausgesprochene Freude.

Calm down engl. »Beruhige dich«

Beachboys → Seite 143

»Ich mag keine blonden Frauen.« Er kannte sie gerade eine Stunde. »Und dass ich *dich* mag, bedeutet viel.« Auf einem Straßenfest war es, dass sie nebeneinander zu sitzen kamen, so zufällig wie irgendetwas, heute macht ihm das Angst. Und dass sie ihm aufgefallen ist? Der Honigton ihres Haars, das war das Erste. »Nein, keine blonden Frauen.« Er hatte sich nichts ausgerechnet für diesen Abend und war mehr als verwirrt, wie sie mit ihm kommen wollte: »Das glaube ich nicht. Du meinst es nicht ernst?« Ihre Augen spöttelten, sie räkelte sich. »Dann nicht«, und einen Schmollmund. So ein Mund, da hätte er wahnsinnig werden können, da war die Frau dazu fast zu viel.

Honigton ihres Haars dunkelblonde Haare

Schmollmund Mund mit aufgeworfenen, vollen Lippen

Es ist eine Entscheidung. Das ist es. Und er hat sich entschieden. Lieber leiden und leben, als nicht leben, sagt er seinen Freunden. Und glaubt, was er sagt, und legt in seine Stimme eine Überheblichkeit, die ihm ein Anliegen ist. Er ist bleich geworden, das sagen ihm viele, und er geht anders als früher. Der Boden ist ihm näher.

Frauen – niemals vorher waren sie sein Problem gewesen. Man kam zusammen, man trennte sich. Man hatte sich etwas oder nichts mehr zu sagen. Er wollte arbeiten und vorankommen, so war es gewesen. Er erinnert sich daran als an ein fernes, naives Glück. Irgendwann einen offenen Sportwagen, durch die Stadt zu fahren und Mädchen hinterherzupfeifen. Er mochte den Himmel über der Stadt, und die höchsten Häuser waren ihm die liebsten. So ein blauer Himmel! und spannte sich über einen, dass man sich beschützt glaubte.

Judith Hermann

Sommerhaus, später — 1998

Ende von Etwas

Sophie sagt: »Sie hat im letzten Jahr nur noch im Bett gelegen. Auf der linken Seite des Bettes, die rechte Seite war die Seite meines Großvaters, mein Großvater war fort, auf seiner Seite hat sie nie gelegen. Sie ist aus alter Gewohnheit früh aufgewacht, gegen sechs Uhr am Morgen, über den Dächern ein schmaler Streifen Himmel, Antennen und Schornsteine, auf den Regenrinnen die Tauben. Ich weiß nicht, ob sie das gesehen hat. Sie lag unter schweren Federdecken, den Kopf auf drei Kissen gebettet, an der Zimmerdecke Stuckrosen und die helle Glasschale einer Lampe. Rötliches Glas. Oder grünes. Ich bin nicht mehr sicher.«

Stuckrosen Verzierungen aus Gips

Sophie sagt: »Entschuldige« und beißt sich auf die Lippen. Sie sieht zum Fenster hinaus, die Fenster des Cafés sind sehr groß, man kann den ganzen Helmholtzplatz überblicken, der ist jetzt leer, buckliges Kopfsteinpflaster, das glänzt vom Regen. Der Wind weht Blätter hoch, um die Ecke streicht ein grauer Hund. Sophie lächelt zum Fenster hinaus. Sie sagt: »Mein Vater kam um neun, machte Tee und ein weiches Ei, schnitt Brot und stellte all das auf den Nachttisch, den Tee aufs Stövchen, sie mochte das Kerzenlicht; und dann zeterte sie und keifte und verdächtigte ihn und klagte an, die Jahre und die Jahre, er antwortete nicht und ging. Wohnte nur zwei Häuser weiter, also ganz nah, konnte im Sommer meiner

Stövchen Untersatz zum Warmhalten
zeterte schimpfte
keifte schrie mit schriller Stimme

Großmutter von Balkon zu Balkon zuwinken, sie winkte nie zurück. Sie aß, alleine, über den Dächern der Morgen, Antennen und Schornsteine, und dann legte sie sich wieder hin. Schaute ins Teelicht vom Stövchen, bis es erlosch. Lag so, bis es Abend wurde. Sie hat geschlafen und dann wieder wach gelegen, es mag sein, dass es da keinen Unterschied mehr gab, ein Ineinanderfließen der Stunden, das Licht, das durch das Zimmer gewandert ist, keine Uhr auf dem Tisch, gegen Abend der Streifen Himmel über den Dächern in Graublau, in Schwarz.«

Sophie sieht in den Himmel über dem Helmholtzplatz, als wolle sie vergleichen. Der Himmel über dem Helmholtzplatz ist blass und regenschwer. Sophie wendet den Blick ab, schaut im Café umher, legt die Hände um die Kaffeetasse, sieht ohnehin verfroren aus. Sie kneift die Augen zusammen und räuspert sich, ihr Gesichtsausdruck ist eher kühl, distanziert, sie sagt: »Dann kam meine Mutter. Wärmte Essen auf, wusch Wäsche, heizte im Winter den Ofen, machte das Bett. Meine Großmutter zog Strickjacke an, Strümpfe und Pantoffeln und schob sich wie eine Schildkröte mit dem Gehgestell ins Wohnzimmer, sank dort aufs Sofa, schaltete den Fernseher an. Sie bekam eine Schachtel Zigaretten am Tag. Drei Büchsen Bier und drei Schnäpse, und immer versteckte sie die Bierbüchsen unter ihrem Hintern, tat so, als hätte sie noch keine bekommen, wollte einfach mehr Bier und sagte zu meiner Mutter, ihrer Tochter: ›Du missgönnst mir alles.‹ Meine Mutter zerrte die Bierbüchsen wieder unter dem Hintern meiner Großmutter hervor und schwieg. Suchte in der Küche nach einem neuen Versteck für die Schnapsflasche, das meine Großmutter – nachts? auf allen vieren? unter Schmerzen, im Morgenlicht, mit zusammengebissenen Zähnen und ächzend? oder triumphierend? – doch immer fand.«

Sophie lacht jetzt. Ein bisschen. Sie lacht und schaut in ihre Kaffeetasse und sagt: »Man muss sich das vorstellen. Sie konnte nicht mehr laufen, nur noch kriechen und sich vorwärts schleppen mit diesem Gehgestell, aber den Schnaps hat sie gefunden, wo auch immer er lag. Ganz hinten im Schrank, in einer Manteltasche am Garderobenständer, im Backofen, zwischen den Blumenkästen auf dem Balkon, sie fand ihn und trank ihn aus und stellte die leere Flasche vor die Wohnungstür. Ich glaube, sie sah das als eine Art von Spiel. Sie gewann es. Immer.«

Wird dunkel, draußen, beginnt zu regnen. Nieselregen, vielleicht schon Schnee. Jemand läuft am großen Fenster vorbei, Hände in den Manteltaschen, Schultern hochgezogen, läuft langsamer und sieht Sophie an, Sophie merkt es nicht. Sie sagt: »Ich würde gern Wein trinken«, sie sagt: »Ja? Gleich trinken wir Wein. Meine Großmutter jedenfalls hat dann gegessen, was meine Mutter ihr vorsetzte, sie aß seufzend und presste immer die linke Hand auf den Busen, sie war dick und schwer, und ihre Finger waren von der Gicht gekrümmt. Meine Mutter saß neben ihr und beide schauten auf den laufenden Fernseher, und dann rauchten sie zusammen, und meine Großmutter sagte: ›Blaue Stunde.‹ Wenn meine Mutter ging, brach meine Großmutter in Tränen aus und wurde kindisch und böse und klammerte sich an sie, drohte und schrie, und meine Mutter setzte sich wieder hin und ging dann doch. Irgendwann in der Nacht, wenn es im Fernseher schneite und in der Straße alle Lichter ausgegangen waren, schob sie sich mit dem Gehgestell zurück ins Schlafzimmer. Setzte sich auf die Bettkante und starrte ins Dunkel und dachte, ich weiß nicht, was, legte sich hin und schlief dann ein. Tage und Tage. Im Sommer manchmal ein Bier auf dem Balkon, zwischen den Geranien, mit denen sie verschwörerisch flüsterte. Wir wuschen ihr einmal in der Woche die Haare, dann kauerte sie

Gicht **Stoffwechselerkrankung**

Blaue Stunde **Stunde am späten Nachmittag**

Geranien **Sommerblumen**

über der Wanne und kicherte und sagte: ›Es juckt so, das ist schön.‹ Sie machte ins Bett und lag dann weinend und unglücklich bis zum Abend. Aber manchmal sang sie und zwinkerte mit ihrem linken Auge und lachte über etwas, von dem wir nichts wussten, bis ihr die Tränen kamen. Sie hörte nie Musik. Lag in dieser Stille in ihrem Bett in den Kissen, in dieser Stille, die einmal laut gewesen war, als die zwei Kinder noch da waren und der Mann.«

Sophie sieht sich um. In dieser Stunde zwischen dem späten Nachmittag und dem Abend ist das Café ganz leer, auf den Tischen, an denen niemand sitzt, brennen Kerzen, die Kellnerin lehnt am Tresen, raucht eine Zigarette und hat die Augen halb geschlossen. »Hört sie uns zu?«, flüstert Sophie, zieht ihren Stuhl näher an den Tisch heran, stützt das Gesicht in beide Hände. Die Kellnerin regt sich nicht. Gegen die Fensterscheiben schlägt der Regen, von draußen kommt das Wintergeräusch eines Automotors, der nicht anspringen will. Sophie sagt entschlossen: »Meine Großmutter verdächtigte in diesem letzten Jahr die ganze Welt. Sah Männer in der Ecke hinter dem Ofen stehen und versteckte ihr Portemonnaie unter der Matratze, im Nachtschrank, im Kissenbezug. ›Pack aus, was du da eingepackt hast!‹, schrie sie, wenn meine Mutter in der Küche das Essen warm machte, und dann zählte sie auf, was mein Vater jeden Morgen aus der Wohnung hinausschaffen würde – Pelze und Silber und Schmuck und die Orden der Großväter, Geld und Sparbücher und Töpfe und Kannen. Sie zerrte an der Jacke meiner Mutter herum und sagte: ›Klaujacke‹ und keuchte und rief nach der Polizei, und meine Mutter stand vor ihr, guckte nur, sagte nichts. Und meine Großmutter schob sich mit dem Gehgestell in die Küche, überprüfte Schränke und Schubladen, brach dann in Tränen aus und sagte: ›Ich will nicht mehr.‹ Aber sie lag den ganzen Tag im Bett und wartete.«

»Weißt du«, sagt Sophie, »das ist auch nicht leicht. Sich die Erinnerung zurückzuholen, Stück für Stück. Ich vergesse so schnell. Gesichter vor allem, ich vergesse immer Gesichter, ich vergesse sie eigentlich sofort, auch an das Gesicht meiner Großmutter kann ich mich nicht mehr erinnern. Sie fror immer. Trug auch unter den Federdecken Wolljacken, Schals, dicke Strümpfe. Sagte trotzdem: ›Ich will frische Luft‹, selbst im Winter mussten im Schlafzimmer alle Fenster offen stehen. Aber im Wohnzimmer standen kleine Heizlüfter um das Sofa herum und pusteten ihr heiße Luft ins Gesicht, und sie sagte: ›Ich weiß nicht, mir ist noch immer kalt.‹ Ihre Haare waren weiß. Sie ließ am Morgen das Eigelb über das Brot laufen und trank Tee schwarz, ohne Zucker. Es gab ein Telefon im Wohnzimmer und eines im Schlafzimmer, und manchmal rief der Sohn an und erkundigte sich aus der lichten Ferne seiner Vorstadtvilla nach der Gesundheit und der Schwester. Meine Großmutter lag in ihrem Urin und hatte Schmerzen und holte tief Luft, hielt sich mit leuchtenden Augen den Hörer ans Ohr und sagte ins Zimmer hinein: ›Gut, alles ist gut.‹«

Sophie steht viel zu schnell auf und geht auf die Toilette. Sie ist so dünn, ihre Beine in dicken Wollstrümpfen wie kleine Stöckchen. Sie geht ganz gerade, Schultern hochgezogen, im Rücken steif. Die Kellnerin sieht ihr hinterher und gähnt gelangweilt. Die Kaffeemaschine rauscht, niemand mehr im Raum, der Regen jetzt ein Wolkenbruch, auf dem Tisch verlischt die Kerze im Wachs. Sophie kommt zurück, setzt sich wieder, zündet sich eine Zigarette an, inhaliert tief, schaut dem Rauch hinterher. Sie sieht müde aus. Sie sagt: »Meine Großmutter hat die langen Zigaretten geraucht, lange, leichte Damenzigaretten, nie inhaliert und immer dem Rauch hinterhergeschaut. So wie ich. Oder ich wie sie. Sie hat gegen die Wand geklopft, mit der geballten Faust, wenn meine Mutter ihr zu langsam war. Einmal sich aufgerichtet im Bett und auf

inhaliert
atmet den Rauch ein

Russen schon vor Berlin
→ Seite 143

Raps
Öl- und Futterpflanze mit gelben Blüten

ihren Nacken gezeigt, in dem sich über Nacht die weißen Haare zu Locken gekringelt hatten, und gesagt: ›Dann stirbt man bald.‹ Manchmal auch, dann immer den Blick in den Himmel über den Dächern, über den Antennen gerichtet: ›Der liebe Gott will mich nicht.‹ Sie konnte ganze zwei Geschichten erzählen, oder vielleicht wollten wir auch nur zwei hören, die Kriegsgeschichte, die Russen schon vor Berlin und meine Großmutter mit den Kindern im Zug und auf der Flucht; der Zug hielt plötzlich, da war kein Bahnhof, kein Ort, und der sechsjährige Sohn musste pinkeln, ›ganz unwahrscheinlich pinkeln‹, sagte meine Großmutter, wie unbeteiligt. Also ließ sie ihn raus, aufs offene Feld, da soll schon der Raps geblüht haben und der Tag war warm. Meine Großmutter wartete in der Waggontür, und der sechsjährige Sohn lief in den Raps hinein, rief Kindliches und pinkelte; da fuhr der Zug wieder an, viel zu schnell, zu unerwartet, und das Kind blieb im Raps zurück mit aufgerissenem Gesicht, soll einen blauen Matrosenanzug getragen haben. Das Ende dieser Geschichte kenne ich nicht, er ist jedenfalls nicht gestorben. Die Nachkriegsgeschichte, die Zweizimmerwohnung im Sommer, der Mann schon fort und auf dem Balkon die Geranien, meine Großmutter, wie je, in der Küche, die Tochter und der Sohn im Wohnzimmer, die Tochter und der Sohn schossen um sich mit Schleudern und Kieselsteinchen. Meine Großmutter schälte Kartoffeln, schnitt Kohl; ›Wetten, dass ich dir ein Auge ausschießen kann‹, sagte im Wohnzimmer die Tochter, meine Mutter, zum Sohn, ›Wetten, dass nicht‹, sagte der Sohn, und die Tochter, die Schwester, zielte, schoss und traf. Die Tochter schrie. Der Sohn schrie nicht, die Tochter, meine Mutter, stand in der Küchentür und schlug die Hände vors Gesicht und flüsterte: ›Ich hab ihn ins Auge getroffen, ins linke‹, flüsterte das immer und immer wieder, und meine Großmutter stand auf, die Kartoffelschalen fielen zu Boden, die Kohlschnitze, lief ins Wohnzimmer, da stand der Sohn, und das Kieselsteinchen steckte mitten in seinem linken Auge, steckte da so wie ein steinernes Auge, ›da hab ich's rausgezogen‹, sagte meine Großmutter, ganz einfach. Der Sohn bekam Glasaugen, fünf kleine, braune Glasaugen zum Austauschen, wenn die Geschwister sich stritten, warf meine Mutter die Glasaugen durchs Zimmer und sagte: ›Such sie, Krüppel‹, meine Großmutter kicherte. Warum. Mehr Geschichten gab's nicht.«

Sophie sieht erstaunt aus. Nicht traurig, noch nicht. Sie reibt sich mit beiden Händen die Augen, drückt die Daumen auf die Lider, lächelt ansatzweise. Sie schaut die Kellnerin an, bis die sich langsam vom Tresen stemmt und zum Tisch geschlichen kommt, schlafwandlerisch, die Kellnerin streift sich die Hände an der Schürze ab, sagt nichts. Sophie sagt mit einer völlig fremden Stimme: »Ich hätte gern einen trockenen Rotwein«, und die Kellnerin schleicht zum Tresen zurück, hat sie das verstanden? »Man wird sehen«, sagt Sophie, sagt: »Meine Großmutter hat dann noch einmal die Wohnung verlassen, ein letztes Mal, da wurde die Enkelin, nicht ich, die andere, achtzehn Jahre alt, und der Sohn hatte die Seeterrassen gemietet und einen Leierkastenmann bestellt und ein riesiges Buffet. ›Von allem etwas‹, sagte der Sohn ins Telefon, und meine Großmutter lag in ihrem Bett und schaute in den Himmel über den Dächern, den Antennen und sagte: ›Ja, ich komme gern.‹ – ›Du brauchst ein Geschenk‹, sagte meine Mutter, ›sie wird achtzehn, du musst ihr was schenken, gib mir Geld, und ich kaufe es für dich‹, und meine Großmutter winkte ab, nachlässig und mit der linken Hand und sagte, sie hätte schon ein Geschenk, keine Sorge. ›Woher hast du es‹, fragte meine Mutter, ›du kannst nichts kaufen, du kannst die Wohnung nicht verlassen‹, meine Großmutter wollte nicht antworten. Zählte die Tage. Ließ sich die Haare waschen, das

Seeterrassen **Name einer Gastwirtschaft**

blaue Kleid aus dem Schrank holen, das Festtagskleid, sie sagte: ›So blau wie meine Augen sind.‹ Zeterte nicht mehr. Sah meinen Vater an, am Morgen, stumm, warf Geld aus dem Bett, Geldscheine aus den Matratzenritzen, den Kissenbezügen, sagte: ›Nehmt, ich will's nicht mehr.‹ Wurde am Geburtstag der Enkelin von drei Männern im Rollstuhl aus der Wohnung getragen und in einen Bus verfrachtet, die Männer schwitzten, meine Großmutter saß im Rollstuhl wie eine Königin, hatte einen Korb auf dem Schoß, im Korb das eingepackte Geschenk, ›Was ist es?‹, sie schüttelte den Kopf, fast nachsichtig, sagte: ›Ach wartet doch ab.‹ Wir fuhren im Auto dem Bus hinterher, und ich konnte sie sehen, ich konnte ihren weißen Kopf sehen, den sie ans Fenster presste, manchmal wischte sie mit der Hand die beschlagene Scheibe ab, sie sah hinaus, die ganze Fahrt über, was hat sie gesehen? ich kann es nicht sagen. In den Seeterrassen schoben sie sie an die Spitze der Tafel, zwischen den Sohn und die Enkelin, alle waren sehr heiter und redeten auf sie ein und stellten Teller voll Essen vor sie hin und Wein, sie trank nicht, aß auch nicht. Gab der Enkelin das Geschenk, die saß neben ihr mit pflichtschuldig andächtigem Gesicht, am Tisch wurde es still, der Sohn lachte, die Großmutter macht der Enkelin ein Geschenk. Die Enkelin zerriss vorsichtig das Papier, tastete, zögerte dann, zog das Papier ganz herunter, hielt einen gelben Topfdeckel in der Hand, an den Rändern schon ein bisschen angeschlagen. ›Was ist das?‹, sagte sie, ein Rätsel, ein Symbol, sie war achtzehn Jahre alt und lächelte meine Großmutter an. ›Der Deckel von dem Topf, den ihr mir gestohlen habt‹, sagte meine Großmutter, ›so wie ihr mir alles gestohlen habt.‹ Und dann hob sie ganz langsam die Hand und legte sie auf ihr linkes Auge und wandte sich zu ihrem Sohn und sah ihn an, mit ihrem rechten Auge, das war wirklich so blau wie ihr Festtagskleid.«

Die Kellnerin stellt den Wein auf den Tisch und starrt Sophie an, Sophie starrt nicht zurück. Sie sagt: »Danke« und nimmt einen großen Schluck aus dem Glas, wischt sich den Mund mit dem Handrücken ab. Die Tür geht auf, Wind weht herein, Regengeruch, zwei, drei Gäste in nassen Mänteln und mit roten Gesichtern. Sophie dreht sich nicht um. Friert auch nicht mehr, hat jetzt rote Wangen, und die Müdigkeit um ihre Augen herum ist weg. Sie sagt: »Ich bin gleich fertig. Die Geschichte ist gleich fertig, zu Ende, dauert nicht mehr lang, kannst du noch? Sie haben sie später, in der Nacht, noch einmal im Rollstuhl zum See herunter gefahren. Da saß sie und starrte ins Dunkel, am anderen Ufer so kleine Lichter und das leise Schlagen der Wellen, ›Was soll das‹, sagte meine Großmutter, und sie brachten sie mit dem Bus zurück nach Hause. Sie ließ sich ins Bett legen und drehte sich weg und sagte zu meiner Mutter, die stand in der Tür, ›Gute Nacht‹. Am Morgen kam mein Vater, machte Tee und ein weiches Ei, schnitt Brot und stellte all das vor sie hin, den Tee aufs Stövchen, das Eigelb schon aufs Brot; ›Das Teelicht‹, sagte meine Großmutter, ›das Teelicht‹, mehr nicht. ›Das ist doch angezündet‹, sagte mein Vater, ›schau, es brennt‹, und meine Großmutter sagte: ›Ja‹ und machte die Augen zu. Mein Vater ging. Ging einkaufen, ging dann nach Hause. Hörte das Telefon schon auf der Treppe läuten, es läutete unaufhörlich, und mein Vater schloss die Wohnungstür auf, ließ die Einkaufstüten fallen, nahm den Hörer ab und sagte: ›Hallo?‹, bekam keine Antwort. Lauschte in den Hörer hinein, wollte schon wieder auflegen, hörte dann doch etwas, aus sehr weiter Ferne, wirklich weit weg. Ein Weinen? oder Schreien? einen Schmerzenslaut? tatsächlich ein Prasseln, ein Knacken, etwas ganz Unwirkliches, warum wusste er plötzlich, ich weiß es nicht. Er ließ den Hörer fallen und lief aus der Wohnung, die Treppen hinunter und hinaus auf die Straße, es war Februar, so wie jetzt und kalt, mein

Vater lief schnell. Zwei Häuser weit. Er rannte. Stieß die Haustür auf, rannte die drei Treppen hoch, er zitterte wohl und hatte auch Angst, die Wohnungstür klemmte, ich glaube, der Schlüssel muss ihm hinuntergefallen sein, drei oder vier Mal. Er stemmte sich gegen die Tür, die Tür ging auf, der Flur so klein, da roch was, die Tür zum Schlafzimmer nur angelehnt und dahinter ein heller Schein. Ich weiß jetzt nicht, sind es vier Schritte oder fünf ins Schlafzimmer hinein, mein Vater stand auf der Schwelle und sah meine Großmutter, die brannte lichterloh. War aus dem Bett gekommen, irgendwie, war in der Mitte des Zimmers, vor dem Bett, das Bett brannte, das Nachthemd meiner Großmutter brannte, ihre Strümpfe, ihr Schal, ihre Haare, ihr Gesicht und ihre blauen Augen; sie brannte lichterloh und schrie nicht mehr, der Himmel über den Dächern, den Antennen, grau und rauchig, sie habe, sagte mein Vater später, er wüsste nicht, aber sie habe, so brennend, tatsächlich getanzt«, sagt Sophie, weint nicht, lächelt verlegen.

Hunter-Tompson-Musik

Hunter engl. »Jäger«

Der Tag, an dem dann doch noch einmal etwas geschieht, ist der Freitag vor Ostern. Hunter kommt gegen Abend zurück, er hat beim Deli Dosensuppen, Zigaretten, Weißbrot und im Liquor-Store den billigsten Whisky gekauft, er ist müde, ein bisschen wacklig in den Knien. Er läuft die 85. Straße entlang, die grüne Deliplastiktüte pendelt gegen seine Knie, auf dem Asphalt schmilzt der letzte Märzschnee zu grauen, dreckigen Schlieren zusammen. Es ist kalt, und die Leuchtreklame des Washington-Jefferson flackert ein unschlüssiges »Hotel-Hotel« in die Dunkelheit.

Deli Supermarkt
Liquor-Store Alkoholgeschäft

Washington-Jefferson → Seite 143

Hunter stößt die große Schwingtür mit der flachen Hand auf, die Wärme zieht ihn hinein und nimmt ihm den Atem, auf dem grünen Hotelläufer zeichnen sich schwarze Fußspuren. Er betritt das dämmerige Foyer, dessen mit dunkelroter Seide bespannte Wände, weiche Ledersitzecken und große Kristallleuchter von der Unwiederbringlichkeit der Zeit erzählen; die Seide wellt sich, die Ledersitzecken sind durchgesessen und abgeschabt, in den Leuchtern fehlen die schimmernden, geschliffenen Gläser, und statt zwölf Birnen stecken in jedem nur noch zwei. Das Washington-Jefferson ist kein Hotel mehr. Es ist ein Asyl, ein Armenhaus für alte Leute, eine letzte, verrottete Station vor dem Ende, ein Geisterhaus. Es geschieht höchst selten, dass sich ein normaler Hotelgast hierher verirrt. Solange niemand stirbt, sind die Zimmer auf Monate hin ausgebucht; stirbt jemand, wird ein Zimmer frei für eine kurze Zeit, um dann den nächsten Alten aufzunehmen, für ein Jahr oder zwei oder für vier Tage oder fünf.

Foyer Eingangshalle

Hunter schlurft zur Rezeption, hinter der Leach, der Hotelbesitzer, damit beschäftigt ist, in der Nase zu bohren und die

Kontaktanzeigen der Daily News durchzugehen. Hunter hasst Leach. Jeder im Washington-Jefferson hasst Leach, mit Ausnahme der alten Miss Gil, die ihr klappriges, vernarbtes Herz an ihn verschenkt hat. Leach interessiert sich nicht für Miss Gil. Leach interessiert sich für sich selbst, für die Kontaktanzeigen der Daily News – nur die perversen, vermutet Hunter – und für Geld. Hunter stellt die grüne Deliplastiktüte auf den abgenutzten Rezeptionstresen, atmet tief durch und sagt: »Post.«

Daily News New Yorker Tageszeitung
perversen geschlechtlich widernatürlichen
Rezeptionstresen Empfangstisch im Eingangsbereich eines Hotels

Leach sieht noch nicht einmal auf. Er sagt: »Keine Post, Mr. Tompson. Naturgemäß keine Post.« Hunter spürt sein Herz stolpern. Es stolpert nicht wirklich, es setzt nur aus, es setzt einen Schlag aus und zögert und schlägt dann doch weiter, fast gnädig, als wolle es sagen – kleiner Scherz. Hunter hält sich mit der linken Hand am Tresen fest und sagt: »Könnten Sie bitte zumindest nachsehen, ob Post für mich da ist.«

Leach richtet sich mit der Miene eines Menschen, der bei einer ungeheuer wichtigen Beschäftigung wiederholt von etwas ungeheuer Unwichtigem gestört wird, auf und weist mit müder, ritueller Geste auf die leeren Fächer hinter ihm. »Ihr Fach ist das Fach Nummer 93, Mr. Tompson. Wie Sie sehen, ist es leer. So leer wie jeden Tag.«

ritueller einem kultischen Brauch entsprechender

Hunter starrt auf das leere Fach, auf alle anderen leeren Fächer darüber und darunter, in Fach 45 liegt die Schachzeitschrift von Mr. Friedman und in Fach 107 die Strickanleitungen für Miss Wenders. Es sind ungewöhnlich viele Strickanleitungen. »Ich glaube, Miss Wenders hat schon seit Tagen ihre Post nicht mehr abgeholt, Mr. Leach«, sagt Hunter. »Vielleicht sollten sie mal nachschauen, wie es ihr geht.«

Leach antwortet nicht. Hunter nimmt mit einem faden Gefühl des Triumphes die Plastiktüte vom Tresen und fährt mit dem Fahrstuhl in den vierten Stock. Der Fahrstuhl rum-

faden schwachen

pelt bedenklich, die letzte Wartungsfrist ist lange überschritten, oben schieben sich wackelnd und knarrend die Türen auf. Das Flurlicht funktioniert nicht. Hunter tastet sich unsicher an der Wand entlang, seitdem im Zimmer 95 gegenüber der alte Mr. Right vor drei Wochen gestorben ist, ist er in dieser Ecke des vierten Stocks allein, und er fürchtet sich. Das grüne Schild EXIT über der Tür zum Treppenhaus leuchtet schwach. Aus dem Bad am Ende des Flurs dringt Wassergeräusch, heftiges Rotzen und Husten, Hunter schüttelt sich; er wäscht sich, so gut es geht, am Waschbecken in seinem Zimmer und benutzt das gemeinschaftliche Bad mit der großen, alten Wanne so selten wie möglich, bedauerlicherweise findet er alte Leute meist ekelhaft.

Exit **Ausgang**

Hunter dreht den Schlüssel im Schloss, knipst Licht an, schließt die Tür hinter sich ab. Er packt die Lebensmittel aus, legt sich aufs Bett, macht die Augen zu. Im Schwarz hinter den geschlossenen Lidern tanzen kleine grüne Punkte auf und ab. Das Haus bewegt sich. Es bewegt sich immer. Die Dielen über ihm knarren, irgendwo schlägt eine Tür, entfernt rumpelt der Fahrstuhl. Hunter kann leise Radiomusik hören, ein Telefon klingelt, etwas fällt mit dumpfem Schlag zu Boden, von der Straße her dringt das Hupen der Taxis zu ihm herauf. Hunter mag die Geräusche. Er mag das Washington-Jefferson, auf eine gewisse, betrübte, resignierte Art. Er mag sein Zimmer, das 400 Dollar im Monat kostet, er hat die 20-Watt-Birne an der Decke gegen eine 60-Watt-Birne ausgetauscht und an den Fenstern blaue Vorhänge angebracht. Er hat seine Bücher in das Regal gestellt, den Rekorder und die Tonbänder auf die Kommode, zwei Fotos über dem Bett. Es gibt einen Stuhl für Gäste, die nie kommen, und ein Telefon, das niemals klingelt. Neben dem Waschbecken ein Kühlschrank, auf dem Kühlschrank eine Kochplatte. Jedes Zimmer ist so ausgestattet. Einmal in der Woche werden die Betten frisch bezogen,

Hunter hat bei seinem Einzug darauf bestanden, das selber zu tun, die Vorstellung, dass das Zimmermädchen zwischen seinen Büchern, Aufzeichnungen und Tonbändern herumkramt, ist ihm unangenehm.

Hunter legt sich auf den Rücken, schiebt den Vorhang am Fenster vor dem Bett beiseite und starrt hinaus, das Treppengitter der Feuerleiter zerschneidet den dunklen Himmel in kleine Quadrate. Er schläft ein, wacht wieder auf, setzt sich an den Bettrand, schaut kurz auf den braun gemusterten Teppich zwischen seinen Füßen. Dann steht er auf. Es wird noch einmal schneien, in diesem März, er kann es in den Knochen spüren, ein frostiges, unangenehmes Prickeln. Aber die Müdigkeit ist fort, es ist warm, die Heizung knackt, weit entfernt am Ende des Flurs singt Miss Gil mit hoher, dünner Stimme vor sich hin. Hunter lächelt kurz. Erhitzt die Dosensuppe auf dem Herd, gießt sich ein Glas Whisky ein, isst vor dem Fernseher. Der Nachrichtensprecher auf CNN erzählt mit teilnahmsloser Stimme, dass in Brooklyn-East New York ein Junge in einem McDonald's drei Angestellte erschossen habe. Der Junge erscheint auf dem Bildschirm, er ist schwarz und vielleicht 17 Jahre alt, drei Polizisten halten ihn vor der Kamera fest, eine Stimme aus dem Nichts fragt nach der Tatmotivation. Der Junge schaut direkt in die Kamera, er sieht völlig normal aus, er erklärt, dass er einen Big Mac ohne Gurke bestellt hätte. Ausdrücklich ohne Gurke. Er habe aber einen Big Mac mit Gurke bekommen.

CNN amerikanischer Nachrichtensender
Brooklyn-East Stadtteil von New York

Hunter stellt den Fernseher ab. Auf dem Flur, im Zimmer 95, klappt die Tür. Hunter wendet den Kopf, lauscht irritiert, es bleibt still. Er wäscht Teller und Kochtopf ab, gießt sich ein weiteres Glas Whisky ein, steht unschlüssig vor den Tonbändern herum. Zeit für Musik. Zeit für die Musik, so wie jeden

Abend, Zeit für eine Zigarette, Zeit für die Zeit. Was auch sollte er sonst tun, wenn nicht Musik hören. Hunter reibt sich mit der Hand über die Augen und tastet kurz nach seinem Herzschlag. Das Herz schlägt ruhig und träge. Vielleicht Mozart. Oder eher Beethoven. Schubert wie immer zu traurig. Bach. Johann Sebastian Bach, *Wohltemperiertes Klavier*, Teil 1. Hunter schiebt das Tonband in den Rekorder und drückt die Starttaste, es rauscht leise, er setzt sich auf den Stuhl ans Fenster, zündet sich eine Zigarette an.

Glenn Gould spielt langsam, konzentriert und ziehend, zwischendurch kann Hunter ihn leise mitsingen hören, manchmal atmet er heftig, Hunter mag das, es erscheint ihm persönlich. Er sitzt auf dem Stuhl und hört zu, er kann entweder gut oder gar nicht denken beim Musikhören, beides ist schön. Das Hupen der Taxis sehr weit entfernt. Miss Gil hat aufgehört zu singen, oder Glenn Gould ist lauter als Miss Gil. Vor Hunters Zimmertür knackt eine Diele. Die Diele knackt laut. Die Diele hat immer laut geknackt, wenn Mr. Right vor der Tür stand, weil er Zigaretten oder Whisky oder Gesellschaft wollte. Mr. Right ist tot, gestorben vor drei Wochen, er war der Einzige, der je vor Hunters Tür stand.

Hunter starrt mit weit aufgerissenen Augen die Tür an, anders als in den Filmen bewegt sich die Türklinke nicht, aber es knackt noch einmal. Hunters Herz schlägt plötzlich erstaunlich schnell. New York ist eine kriminelle Stadt. Niemand würde ihn hier ernst nehmen, sollte er schreien. Leach würde vorgeben, die Nummer der Polizei vergessen zu haben. Hunter steht auf. Er schleicht zur Tür, sein Herz stolpert jetzt doch, er legt die Hand auf die Klinke, holt tief Luft, reißt die Tür auf.

Mozart
→ Seite 143
Beethoven
→ Seite 143
Schubert
→ Seite 143
Bach
→ Seite 143
Wohltemperiertes Klavier
Klavierkomposition von Bach
Glenn Gould
→ Seite 143

Hasenapplikationen aufgenähte Verzierungen aus Stoff in Hasenform

Das Mädchen steht im grünen Licht des EXIT-Schildes. Hunter sieht sehr kleine Füße mit gekrümmten Zehen, einen aufgekratzten Mückenstich am linken Fußknöchel, ein winzigbisschen Dreck unter dem Nagel des großen Zehs. Der Saum ihres Bademantels ist ausgefranst, der Bademantel blau mit weißen Hasenapplikationen auf den Taschen. Sie hat den Mantel sehr eng um die Taille geschnürt, unter ihrem Arm klemmt ein Handtuch und eine Shampooflasche. Sie hält sich mit der rechten Hand den Bademantel unter dem Hals zu, ihr Mund ist schmal und sieht aufgeregt aus, von ihren nassen Haaren tropft das Wasser gleichmäßig auf den braunen Flurteppich. Sie kneift die Augen zusammen und späht an Hunter vorbei ins Zimmer hinein, unter ihrem linken Auge sitzt ein kleiner Leberfleck. Hunter sieht unwillkürlich an sich herunter und bemerkt, dass er seine Gürtelschnalle nicht sehen kann, weil sein Bauch darüber hängt. Das Mädchen sagt etwas Ähnliches wie: »Die Musik.«

Honey Pie, you are making me crazy Liebling, du machst mich verrückt

Hunter zieht die Tür an sich heran und versucht, ihr den Blick auf das Zimmer zu verstellen. Er kann Miss Gil wieder singen hören, sie singt *Honey Pie, you are making me crazy*, aus irgendeinem Grund ist ihm das peinlich. Das Mädchen sagt etwas Ähnliches wie: »Entschuldigung, die Musik«, sie spricht die Worte ungeschickt und wie ein Kind, kratzt sich dabei mit den Zehen ihres rechtes Fußes an der linken Wade.

Hunter bekommt eine Gänsehaut. Er tritt in den Flur hinaus und zieht die Zimmertür hinter sich zu, er sagt: »Was soll das«, das Mädchen weicht zurück und verzieht den schmalen Mund. Hunter spürt, dass seine Hand auf der Türklinke zittert, das Mädchen wechselt Handtuch und Shampooflasche vom rechten unter den linken Arm und sagt: »Schauen sie fern oder hören sie Musik?« Hunter starrt sie an, er hat die dumpfe Erinnerung an eine Fernsehshow, er versteht sie nicht, sie spricht einen Code, aber er kann den Code nicht knacken, sieht er fern oder hört er Musik, was soll das heißen?

Sie sagt: »Fernsehen oder Musik? Werbung, Reklame oder wirklich Musik?«

Hunter wiederholt zögernd: »Wirklich Musik«, und das Mädchen, jetzt ungeduldig, wippt auf den Zehenspitzen und sagt: »Bach.«

Hunter sagt: »Ja, Bach. *Wohltemperiertes Klavier*, Glenn Gould.«

Sie sagt: »Na also. Also hören Sie Musik.«

Hunter holt tief Luft, er spürt, dass sich sein Bauch noch mehr aufbläht, aber es geht ihm sofort besser. Sicher hört er Musik. Er will zurück an den Anfang, zurück zur ersten Frage, es fällt ihm schwer, ihr seine Verwirrung zu verbergen, er ahnt, dass er wie ein alter Trottel wirkt. Er sagt noch einmal, diesmal entschlossener: »Was soll das«, und das Mädchen antwortet langsam und im Tonfall einer Lehrerin, deren Schüler endlich verstanden hat: »Ich bin vor Ihrer Zimmertür stehen geblieben, um der Musik zuzuhören.«

Hunter lächelt verständnislos, denkt an das Zähneblecken der Hunde, Miss Gil singt *I'm in love but I'm lazy*, er verspürt das Bedürfnis, ihr wie einer Comic-Ente den faltigen Hals umzudrehen. Er kichert. Das Mädchen kichert auch. Sie sagt: »Die hat nicht alle Tassen im Schrank, was?«, und Hunter hört auf zu kichern und sagt schroff: »Sie ist alt.«

I'm in love but I'm lazy
Ich bin verliebt, aber ich bin faul

Das Mädchen zieht die linke Augenbraue hoch. Hunter drückt die Türklinke herunter, bereit, sich ins Zimmer zurückzuziehen, sagt verlegen: »Ja also.«

Das Mädchen zieht entschlossen die Luft ein, tritt von einem Fuß auf den anderen und sagt drei Sätze hintereinander, Hunter muss sich unglaublich konzentrieren, sie sagt: »Wissen Sie, ich bin auf der Durchreise. Zimmer 95. Es war schön,

Ihre Musik zu hören, die haben mir nämlich meinen Rekorder geklaut.«

Hunter sagt in ihr »geklaut« hinein: »Wer?«, er hat das Gefühl, Zeit gewinnen zu müssen, er ist überfordert, sie ist viel zu jung für dieses Hotel, sie redet so komisch, sie sagt: »Diese Typen am Grand Central, sie haben mir meinen Rucksack und meinen Rekorder und alle meine Kassetten geklaut, und jetzt kann ich keine Musik mehr hören. Das ist schlimm. Nichts geht ohne Musik«, sie sieht Hunter gespannt und aufmerksam an.

Grand Central New Yorker Fern- und U-Bahnhof

Hunter sagt: »Das tut mir Leid«, er sieht Hilfe suchend den dunklen Flur hinunter, Miss Gil hat aufgehört zu singen, und er hat die schwache Hoffnung, dass sie zum Fahrstuhl laufen und diese Situation unterbrechen wird. Miss Gil kommt nicht. Das Mädchen, Hunter spürt, dass sie ihn beobachtet, sagt mit einer seltsamen Betonung: »Leben Sie hier?«, und Hunter wendet ihr wieder den Kopf zu, sie hat einen fast grausamen Ausdruck um den Mund, und ihr Oberkörper ist Besitz ergreifend nach vorne geneigt; von ihren Haaren tropft noch immer Wasser.

»Ja«, sagt Hunter. »Ich meine, ich ...«, er bricht ab und ist kurz versucht, sie einfach stehen zu lassen, in sein Zimmer zurückzugehen und ihr die Tür vor der Nase zuzuschlagen.

»Das ist ein seltsames Hotel, finden Sie nicht?«, fragt das Mädchen, sie hat jetzt eine Hand in den Taschen ihres Bademantels und die Hasenapplikation wölbt sich obszön heraus. Hunter fühlt sich zu Tode erschöpft. Er sehnt sich nach Glenn Gould, nach den blauen Vorhängen seines Zimmers, nach Schlaf. Er ist das nicht mehr gewohnt. Er ist Begegnungen, Gespräche nicht mehr gewohnt; er sagt: »Entschuldigung«, und das Mädchen seufzt theatralisch, holt den Zimmerschlüssel aus ihrer Bademanteltasche und lächelt Hunter be-

obszön unanständig, schamlos

ruhigend an. »Wollen wir zusammen essen gehen? Vielleicht morgen Abend, Sie könnten mir ein gutes Restaurant zeigen und mir etwas über die Stadt erzählen, Sie wissen schon«, und Hunter denkt daran, dass er seit Jahren nicht mehr essen gegangen ist, dass er keine guten Restaurants kennt, dass er ihr nichts über die Stadt erzählen kann, dass er gar nichts weiß, er sagt: »Natürlich, gern«, er hätte zu allem: »Natürlich, gern«, gesagt, und das Mädchen grinst und sagt: »Also morgen Abend um acht, ich hole Sie ab. Gute Nacht.«

Hunter nickt. Sieht ihren Rücken an, als sie die Zimmertür aufschließt, das Frottee des Bademantels ist ihre Wirbelsäule hinunter nass und dunkel, er sieht ihre geschlossene Zimmertür an und hört sie dahinter summen und sich die Zähne putzen, er sieht den Lichtschein unter der Tür verlöschen. Er ist nicht sicher, ob er die Kraft haben wird, zurück in sein Zimmer zu gehen.

Am Morgen erwacht er, weil Miss Gil sich im Flur vor dem Gemeinschaftsbad mit Mr. Dobrian streitet. Miss Gils Stimme dringt hoch und schrill in sein Zimmer hinein, die Stimme zittert und klingt triumphierend. »Sie Schwein!«, schreit Miss Gil. »Sie Schwein, Sie dreckiger Spanner, Luder! Ins Bad reinzuplatzen, wenn Frauen sich waschen, ich werd's Mr. Leach sagen!« Hunter hört Mr. Dobrians gebrechliche, müde Greisenstimme – »Miss Gil, Sie lassen doch die Tür mit Absicht unverschlossen, wenn Sie sie abschließen würden, könnte das nicht passieren!« –, es war jeden Tag dasselbe. Miss Gil schloss nie die Tür ab, irgendjemand ging rein, sah sie nackt und faltig und verwelkt drin rumstehn, ging angewidert wieder raus und musste sich anschließend dieses Gekeife anhören. Hunter seufzt und zieht sich die Decke über den Kopf, der Schlaf gleitet von ihm ab wie ein Tuch, das Gesicht des Mädchens mit dem nassen Haar taucht ganz kurz vor ihm auf.

Spanner heimlicher Beobachter
Luder frecher, geiler Mensch

Er denkt an die Verabredung, an das gemeinsame Essen am Abend, und spürt ein Ziehen im Magen. Er hätte das nicht tun sollen. Er hätte nicht zusagen sollen, er weiß nicht, was er mit ihr sprechen soll, sie scheint ihm ein wenig naiv, und die Zeiten, in denen er an Frauen dachte, sind schon lange vorbei. Was für eine irrsinnige Idee, in diesem Zustand mit einem fremden, viel zu jungen Mädchen ausgehen zu wollen; eine groteske, eine lächerliche Idee.

groteske **abwegige, verzerrte**

Hunter setzt sich auf. Sieht kurz durchs Fenster in den Himmel hinauf, der Himmel ist grau und verhangen. Ostersamstag, freier Tag, fürchterlicher freier Abend. Miss Gils noch immer zeternde Stimme entfernt sich den Flur hinunter. Hunter steht auf, wäscht sich, zieht sich an, reißt das Fenster auf, starrt kurz auf die feuchte, morgendliche Straße hinunter. Ein dickes Kind mit einem Karton unter dem Arm fällt hin, steht wieder auf, läuft weiter. Hunter fährt mit dem Fahrstuhl ins Erdgeschoss, beeilt sich, zur Tür zu kommen, beeilt sich, der Stimme von Leach zu entkommen, ist zu langsam.

»Mr. Tompson!« Leachs Stimme klingt lockend und widerwärtig. Hunter verharrt im Schritt und dreht sich halb zur Rezeption herum, er antwortet nicht.

»Haben Sie sie schon gesehen, Mr. Tompson?«

»Habe ich wen schon gesehen«, sagt Hunter.

»Das Mädchen, Mr. Tompson. Das Mädchen, dem ich Ihnen zuliebe Zimmer 95 gegeben habe!« Leach versteht es, eine dermaßen abscheuliche Betonung auf das Wort »Mädchen« zu legen, dass Hunter ein kalter Schauer den Rücken hinunterläuft.

»Nein«, sagt er, die Hand schon auf der Scheibe der Schwingtür, »ich habe sie noch nicht gesehen«, und Leach ruft triumphierend hinter ihm her: »Aber Sie lügen ja, Mr. Tompson! Sie hat mir heute Morgen erzählt, dass sie mit Ihnen gesprochen hat, sie war sehr angetan, Mr. Tompson!«

Hunter lässt die Schwingtür heftig ins Schloss fallen, tritt auf die kühle Straße und spuckt aus. Das Mädchen schien dümmer zu sein, als er dachte. Er läuft die 85. Straße hinunter bis zum Broadway, auf dem trotz des Samstags und frühen Morgens die Autos schon im Stau stehen, die Ampeln zucken in Rot und Grün, Menschenmassen strömen aus den Kaufhäusern, an der Ecke 75. steht ein albtraumhaft großer Osterhase und schleudert Schokoladeneier in die Menge. Hunter läuft, ist ziellos und in sich gekehrt, der Himmel so regenschwer und in der Luft ein eisiges Knistern. Er wird angerempelt, steht fünf Minuten lang am Broadway Ecke 65. herum, bis ihn ein Zeitungsverkäufer darauf aufmerksam macht, dass die dritte grüne Ampelphase angebrochen sei. Er kehrt um, schlägt den Weg zum Park ein, kauft sich bei Bagels and Companies ein Sandwich und Kaffee zum Mitnehmen. Ein chinesischer Bettler tritt den Leuten in den Weg und zerrt an ihren Einkaufstaschen herum, Hunter weicht aus, stößt gegen eine enorm fette schwarze Frau, entschuldigt sich, sie lächelt, sagt: »Für nichts, Schätzchen.« Vor der Gourmet-Garage sitzen Angestellte und essen Salate aus Plastikschalen, sitzen nebeneinander, Füße alle im selben Abstand. »Zu viel Elektrizität!«, schreit der Geisteskranke vor Macey's, seit Hunter denken kann, steht er da und schreit: »Zu viel Elektrizität macht die Leute verrückt!«, die Passanten lachen, werfen ihm Zehn-Cent-Stücke vor die Füße, er hebt sie niemals auf. Hunter biegt in eine Seitenstraße ein, es wird stiller, vor den Eingangstüren der dreistöckigen, roten Backsteinhäuser grüne Kränze mit gelben Schleifen. Er setzt sich in den Park, trinkt den kalt gewordenen Kaffee, isst das Sandwich, der Tag gleitet an ihm vorüber, gegen Mittag beginnt es sachte zu regnen.

Broadway längste Straße in New York

Bagels and Companies Imbisskette in New York

Gourmet-Garage bekanntes Feinschmeckergeschäft

Macey's großes Kaufhaus

Nannys Kindermädchen

Hunter bleibt sitzen. In den Beeten picken Tauben an rattengiftgelben Körnern herum, ein Mädchen auf Rollerblades schnurrt vorüber, schwarze Nannys mit weißen, kränklich und überheblich aussehenden Kindern an der Hand setzen sich neben ihn. Hunters Blick immer auf dem Kies zwischen seinen Füßen, grauer Kies mit weißen Punkten. Er spürt eine Unruhe in seinen Gelenken, seinen Händen, die ihm fremd ist. Es ist eine Unruhe, die nichts mit dem Schnee zu tun hat, obwohl das frostige Prickeln von gestern Abend stärker geworden ist. Der Park, der ihn sonst ruhig macht und müde, scheint heute unzugänglich, abweisend. Eine alte Asiatin stochert mit einem Drahtbügel in den Mülleimern, faselt vor sich hin, verschwindet dann unlustig ohne Beute zwischen den Bäumen auf der anderen Seite der Wiese. Vor Hunters Bank fällt eine Taube um, zuckt mit den Krallen, bewegt sich nicht mehr. Hunter setzt sich eine Bank weiter. Die Wolken rücken beiseite und geben einen blassen, matten Märzhimmel frei. Er denkt ratlos: »Zeit. Und Zeit.« Er denkt nichts. Verlässt den Park, als sich die langen Schatten zwischen den Bänken hinziehen, läuft auf den Broadway zurück, der Feierabendverkehr genauso schwachsinnig dicht wie der Verkehr am Morgen. Er biegt in die 84. Straße ein, die Tiefgarage an der Ecke spuckt rücksichtslos Autos aus, Hunter wechselt die Straßenseite, friert, versenkt die Hände tiefer in den Manteltaschen. In Lennys Laden brennt Licht.

Hunter drückt vorsichtig die kleine Glastür auf, verheddert sich im Filzvorhang dahinter, stolpert in der Dunkelheit, kann Lenny jetzt schon leise lachen hören. Er wickelt sich aus dem Vorhang, lacht auch, eher widerwillig, Lenny sitzt auf seinem staubigen Schaukelstuhl hinter der Registrierkasse und hält sich die Hand vor den Mund wie ein Mädchen. »Lass das«, sagt Hunter. Lenny zieht übertrieben die Luft ein, verschwindet im Regal unter der Kasse und taucht mit einer Flasche Whisky und zwei Gläsern wieder auf. Im Laden ist es warm. Im gelben Licht flirren Staubfäden, es riecht nach Papier und feuchtem Holz, Lennys Schaukelstuhl inmitten von Büchern, Bilderrahmen, Halloweenmasken, vermoderten Kistchen und Stoffballen, Plastikblumen, Konservenbüchsen, vergilbten Ansichtskarten. Regenschirme, Perücken, Baseballschläger. Hunter schiebt einen Stapel uralter Lotteriescheine von einem Gartenstuhl und setzt sich. Lenny schenkt Whisky ein, in den Falten seines Gesichts scheint sich Staub angesammelt zu haben, die Augen hinter seiner dicken Brille schimmern feucht. Er sagt: »Du warst erst vorgestern hier, Tompson.« Hunter lächelt und sagt: »Ich gehe gleich wieder«, Lenny antwortet nicht und schaukelt sich mit seinem Stuhl in die Dunkelheit des Ladens zurück. Der Whisky schmeckt salzig. Irgendwo tropft Wasser, der Lärm der Straße ist weit weg, Hunter wird es warm. Er weiß nicht mehr, weshalb er hier ist. Er will nicht mehr wissen, weshalb er hier ist, er will so sitzen, wie er hier immer sitzt, still, lange, grundlos, dann gehen. Lenny beobachtet ihn, er spürt das, Lenny ist schlau, er röchelt jetzt, spuckt Schleim in eine alte Blechschale, sagt: »Tompson. Du willst doch nicht etwa was kaufen.«

Hunter richtet sich auf, der Gartenstuhl knackt, er kann das Blut in seinen Ohren rauschen hören. Er sagt: »Ich bräuchte einen Kassettenrekorder. Nichts Besonderes, nur so einen kleinen, tragbaren, ich dachte, du hast so was, vielleicht«, er bemüht sich, seiner Stimme einen beiläufigen, sorglosen Klang zu geben. Lennys Augen hinter der Brille werden zu kleinen, schmalen Schlitzen. »Du hast einen Kassettenrekorder, Tompson. Wozu brauchst du einen zweiten?«

Hunter räuspert sich, möchte gerne Lennys Blick ausweichen, bereut schon jetzt, überhaupt gefragt zu haben, er kann nicht lügen. Er sagt: »Ich will ihn verschenken.« Lenny schaut

flirren
flimmern

Halloweenmasken
→ Seite 143

weg. Er schaukelt vor und zurück, langsam, träge, pfeift ein wenig vor sich hin, schüttelt den Kopf. Hunter atmet vorsichtig. Lenny steht auf, verschwindet in der Tiefe des Ladens, Glas zersplittert, Bücher fallen, Staub steigt auf. Lenny hustet und flucht, zerrt an etwas herum, kommt zurück, in seinen knotigen, braunfleckigen Händen einen kleinen, fast zierlichen Rekorder mit silbernem Kassettendeck.

Hunter schwitzt. Der Kragen seines Wintermantels scheuert am Hals, der Wollschal juckt, Hunter findet es unerträglich heiß. Lenny stellt den Kassettenrekorder neben die Registrierkasse und wischt mit einem Staubtuch darauf herum. Er sieht besorgt aus. Er sieht tatsächlich besorgt aus. Hunter wendet den Kopf ab und rückt mit seinem Gartenstuhl ins Dämmerlicht zurück. Lenny beugt sich vor und sagt: »Du weißt, dass ich nichts mehr verkaufe. Ich sitze hier nur noch. Ich verkaufe nichts mehr.«

»Ja«, sagt Hunter schwach. »Das weiß ich.«

Lenny seufzt nachsichtig, spuckt wieder aus und kichert dann leise. »Ich wundere mich über dich, Tompson. Ich wundere mich wirklich. Ich nehme nicht an, dass du diesen Rekorder Leach schenken willst. Oder Miss Gil.« Er äugt durch seine dicken Brillengläser zu Hunter hinüber, auf seinem kahlen Kopf zittert eine Staubflocke. »Tompson. Für wen soll dieser Rekorder sein?« Hunter antwortet nicht. Er spürt, wie die Müdigkeit sich zwischen seinen Schulterblättern auseinander faltet und wischt sich mit dem Handrücken den Schweiß von der Stirn. Lenny kommt hinter seiner Kasse hervor, tritt mit dem Fuß zwei Bücherstapel um und legt den kleinen Rekorder in Hunters Schoß. Er sagt: »Nimm ihn. Ich brauche ihn nicht mehr. Wenn du's bereust, bringst du ihn mir wieder. Tompson ...«, Lenny bricht ab und schlurft zum Schaukelstuhl zurück. Er setzt sich hin und betrachtet seine Spucke in der Blechschale. Hunter berührt das silberne Kassettendeck, es ist kühl und glatt. Er wünscht sich, dass Lenny noch etwas sagen würde. Er wünscht sich, dass er ihm den Rekorder wieder wegnehmen würde, er wünscht sich in sein Zimmer zurück, ins Bett, in die Dunkelheit. Lenny schweigt. Wasser tropft. Irgendwo knistert Papier, Hunter steht auf, nimmt den Kassettenrekorder in die Hand, geht zur Tür, sagt: »Vielen Dank.« – »Nichts zu danken«, sagt Lenny aus den Tiefen seines Schaukelstuhls heraus, Hunter steht mit dem Rücken zu ihm, wartet, spürt sein Herz, Lenny sagt: »Tompson?«, Hunter räuspert sich. Lenny sagt: »Kommst du noch einmal, morgen, übermorgen?«, und Hunter sagt: »Sicher«, schiebt den Filzvorhang beiseite, öffnet die kleine Glastür und riecht den Schnee. »Ich hoffe das«, sagt Lenny, und Hunter tritt auf die kalte, dunkle Straße hinaus.

Im Washington-Jefferson sitzt Leach hinter dem Rezeptionstresen, liest die Daily News, blickt nicht auf. Hunter, den Rekorder unter dem Mantel versteckt, fährt mit dem Fahrstuhl nach oben, schleicht den Gang entlang, schließt sein Zimmer auf, schließt die Tür hinter sich ab. Seine Knie zittern. Es ist sechs Uhr fünfundvierzig. Auf dem Flur und in Zimmer Nummer 95 ist es still.

Eine Stunde. Noch eine Stunde, dann kommt sie. Hunter sitzt auf dem Stuhl am Fenster und starrt seinen Kleiderschrank an. Er hat den Rekorder in Zeitungspapier eingewickelt und einen Wollfaden drumherum gebunden, der Rekorder steht auf dem Tisch und sieht lächerlich aus. Hunter wendet den Blick ab, geht zum Schrank und holt seinen Anzug heraus. Der Anzug ist schwarz und riecht nach Staub, er hat abgeschabte Stellen an den Knien und den Ellbogen, der Kragen glänzt. Er hat den Anzug das letzte Mal auf Mr. Rights Beerdigung getragen, es ist der Anzug für die Washington-Jefferson-Beerdigungen, und der Gedanke, dass er diesen Anzug heute Abend tragen wird, lässt Hunter in überspanntes Lachen ausbrechen. Ihm ist übel. Ihm ist im Magen und ums Herz herum und in der Kehle übel, er wirft den Anzug aufs Bett und lässt heißes Wasser ins Waschbecken laufen. Das Mädchen wird ihn nicht dazu bringen, sich im Gemeinschaftsbad zu waschen. Das Mädchen wird ihn überhaupt nicht dazu bringen, sich zu waschen, er wird sich rasieren und die Haare kämmen, es ist ohnehin nichts zu retten. Hunter macht vor dem Spiegel über dem Waschbecken ganz langsam die Augen auf, der Spiegel ist klein, vom Wasserdampf beschlagen, Hunter sieht sein Gesicht in gnädigem, weißem Dampf. Er rasiert sich vorsichtig, seine Hände zittern zu stark, er schneidet sich ein wenig ins Kinn, Blut kommt raus, von seltsam ungesundem Rot. Hunter würgt. Holt tief Luft, lässt kaltes Wasser über seine Handgelenke laufen, zählt. Kann den Rasierschaum riechen, riecht Seife, Pfefferminze. Er stillt das Blut mit einem Stückchen Zeitungspapier, zieht den Anzug an, die Ärmel sind zu kurz, ein Knopf fehlt. Hunter fühlt sich wie im Traum. Schlafwandlerisch. Fast gleichgültig. Er zündet sich eine Zigarette an, zieht die Hosenbeine hoch und setzt sich auf die Bettkante. Er hustet. Es ist sieben Uhr fünfundvierzig. Er wartet.

Der quadratische Himmel zwischen dem Gitter der Feuerleiter wird fahl und dann schwarz. Es regnet ein bisschen. Auf dem Nachttisch tickt die Uhr, in der Heizung rauscht das Wasser, das Haus schlingert, momentlang, in einer fremden, ungewohnten Bewegung. »Wie ein Schiff«, denkt Hunter. »Wie ein Schiff, es hat Leinen gelassen, ist schon lange vom Ufer fort, ich habe es nur nicht bemerkt.« Alle Geräusche wie aus weiter Ferne. Der Zeiger der Uhr wandert im Kreis, zieht Stunden und Stunden, das Mädchen kommt nicht, natürlich kommt sie nicht. Hunter liegt auf dem Bett und lächelt, sieht an die Decke, Wasserflecken da oben, Risse im Stuck, enttäuschte Erleichterung. Was wäre auch gewesen. Wie hätte das aussehen sollen, dieser Abend in einem guten Restaurant, das höhnische Lächeln der Kellner, das Kleingeld in der Hosentasche, die zitternden Hände, die Schluckbeschwerden. Sie hätte reden müssen. Er hätte nichts sagen können, hätte nur auf den Schlag seines Herzens gelauscht, der Schlag wäre schneller geworden und schneller und dann. Hunter liegt auf dem Bett und lächelt. »Die Zeit«, denkt er, »die Zeit und die Zeit«, die Uhr steht auf elf. Er zieht die Decke über die Knie und rollt sich auf die Seite, sein Blick tastet über die Gegenstände im Zimmer, über ihre abgeschliffene, weiche Vertrautheit. Es ist warm. Die Müdigkeit ist schwer und schön.

Die Tür von Zimmer 95 schlägt um Mitternacht zu. Hunter hat das Mädchen nicht gehört, keinen leichten, federnden Schritt im dunklen Flur, ein zu ungewohntes Geräusch vermutlich. Er richtet sich auf und lauscht, es bleibt still. Er steht auf, bisschen schwindelig, und ihm wird schwarz vor Augen, dann ist es vorüber. Er zieht den Anzug wieder aus, die Jacke, die Hose, zerdrückt jetzt und knittrig, hängt ihn sorgfältig in den Schrank zurück. Steht vor den Tonbändern, Mozart und Bach, der traurige Schubert und der kleine, leise, zärtliche Satie. Der portugiesische Fadogesang für die Sonntage und diese Stimme von Janis Joplin, für die er zu alt ist, seit jeher zu alt. Manchmal, im Übermut, Astor Piazolla. Und dieser Amerikaner, dieser große, schräge, hässliche Vogel aus Kalifornien, von dem er nur ein Lied gehört hat, *Jersey Girl*, dieses aber hat er geliebt. Und wieder Mozart und Schumann, dazwischen eine Platte von Stevens, woher die?, Hunter gleitet mit der Hand über die Tonbandhüllen, schüttelt den Kopf, lächelt verlegen. Tangomusik. Callas-Arien. Die Musik und die Zeit,

Satie
→ Seite 143
Fadogesang
volkstümliche Liedform in Portugal
Janis Joplin
→ Seite 143
Astor Piazolla
→ Seite 143
Schumann
→ Seite 143
Stevens
→ Seite 143
Callas-Arien
→ Seite 144

Winterreise Liederzyklus von Schubert

Tompkins-Square Platz in New York

Truman Capote → Seite 144

die Zeit, die Winterreise, die fremden, afrikanischen Gesänge, die er auf dem Flohmarkt am Tompkins-Square gekauft hat, sieben Jahre her, oder acht oder zehn. Hunter weint nicht. Dreht die Tonbandhüllen in den Händen, kann seine eigene Schrift nicht mehr lesen, Jazz und Lyrik, die Stimme von Truman Capote. Dann packt er ein. Holt einen kleinen Schuhkarton aus dem Schrank, packt die Tonbandhüllen da hinein, sehr ordentlich, Rücken an Rücken, manche sind nicht beschriftet, soll sie selber sehen. Auch die Glenn-Gould-Kassette aus dem Rekorder. Auch diese, Hunter vergisst nichts. Das Mädchen klopft an die Tür, es ist schon spät, wie spät und wie spät, Hunter drückt den Deckel auf den Schuhkarton, stellt ihn auf das kleine Rekorderpäckchen, macht die Tür einen Spaltbreit auf und schiebt beides in den Flur.

Das Mädchen sagt: »Bitte.« Sie stellt ihren Fuß in den Türspalt, Hunter drängt ihn mit beiden Händen zurück, sagt: »Frohe Ostern«, drückt die Tür zu. Das Mädchen, hinter der Tür, sagt noch einmal: »Bitte«, sagt: »Es tut mir Leid. Ich weiß. Ich bin viel zu spät.« Hunter hockt auf dem Boden und antwortet nicht. Er kann sie atmen hören. Er kann hören, wie sie die beiden kleinen Kartons aufhebt, den Deckel vom Schuhkarton öffnet, das Zeitungspapier vom Päckchen reißt. Sie sagt: »Oh.« Die Tonbandhüllen klappern leise aneinander, sie sagt: »Lieber Himmel«, dann bricht sie in Tränen aus. Hunter legt die Hände vor das Gesicht und drückt die Daumen auf die geschlossenen Lider, bis die Farben explodieren. Das Mädchen im Flur weint. Vielleicht ist sie eitel. Vielleicht ist sie enttäuscht. Hunter lehnt den Kopf an die Tür, der Kopf ist so schwer, er will nichts mehr hören, er hört dennoch. Das Mädchen sagt: »Sie müssen das nicht tun.« Hunter sagt, sehr leise, er weiß nicht, ob sie ihn verstehen kann, aber er redet schließlich zu sich selbst: »Ich weiß. Ich will es aber so.« Das Mädchen sagt: »Danke.« Hunter nickt. Er hört ihren Mantel knistern, muss ein Plastikmantel sein, vielleicht grün, sie drückt sich gegen die Tür, die Tür gibt nicht nach. Sie fragt: »Sie wollen nicht noch einmal aufmachen?«, Hunter schüttelt den Kopf. Sie sagt: »Eine Frage nur, eine letzte Frage, können Sie mir eine Frage beantworten?« – »Ja«, sagt Hunter, sagt es in den Spalt zwischen Tür und Wand hinein, er vermutet irgendwo dort ihren Mund, den schmalen, aufgeregten, unruhigen Mund. Sie sagt: »Ich will nur wissen, weshalb Sie hier leben, weshalb denn, können Sie mir das sagen?« Hunter legt sein Gesicht an den Türspalt, es zieht ein wenig, kommt kalte Luft rein, Kühle, er schließt wieder die Augen, sagt: »Weil ich fortgehen kann. Jeden Tag, jeden Morgen meinen Koffer packen, die Tür hinter mir zuziehen, gehen.« Das Mädchen schweigt. Sagt dann: »Wohin denn gehen?«, Hunter antwortet sofort: »Das ist eine völlig unnötige Frage.« Der Druck gegen die Tür lässt nach. Der Plastikmantel knistert, das Mädchen scheint aufzustehen, der kühle Zug am Türspalt ist fort. »Ja«, sagt sie. »Ich verstehe. Gute Nacht.« »Gute Nacht«, sagt Hunter, er weiß, sie wird ihren Koffer gepackt haben, den Rekorder, seine Musik, und abgereist sein, bevor es richtig hell wird.

Sommerhaus, später

Stein fand das Haus im Winter. Er rief mich irgendwann in den ersten Dezembertagen an und sagte: »Hallo«, und schwieg. Ich schwieg auch. Er sagte: »Hier ist Stein«, ich sagte: »Ich weiß«, er sagte: »Wie geht's denn«, ich sagte: »Warum rufst du an«, er sagte: »Ich hab's gefunden«, ich fragte verständnislos: »Was hast du gefunden?«, und er antwortete gereizt: »Das Haus! Ich hab das Haus gefunden.«

Haus. Ich erinnerte mich. Stein und sein Gerede von *dem* Haus, raus aus Berlin, Landhaus, Herrenhaus, Gutshaus, Linden davor, Kastanien dahinter, Himmel darüber, See märkisch, drei Morgen Land mindestens, Karten ausgebreitet, markiert, Wochen in der Gegend rumgefahren, suchend. Wenn er dann zurückkam, sah er komisch aus, und die anderen sagten: »Was erzählt der bloß. Das wird doch nie was.« Ich vergaß das, wenn ich Stein nicht sah. Wie ich auch ihn vergaß.

Herrenhaus **herrschaftliches Wohnhaus mit großem Besitztum**
märkisch **in der Mark Brandenburg**

Ich zündete mir mechanisch eine Zigarette an, wie immer, wenn Stein irgendwie auftrat und mir also wenig einfiel. Ich sagte zögernd: »Stein? Hast du's gekauft?«, und er schrie: »Ja!«, und dann fiel ihm der Hörer aus der Hand. Ich hatte ihn noch nie schreien gehört. Und dann war er wieder dran und schrie weiter, schrie: »Du *musst* es dir ansehen, es ist unglaublich, es ist großartig, es ist toll!« Ich fragte nicht, wieso gerade ich mir das ansehen sollte. Ich hörte zu, obwohl er dann lange nichts mehr sagte.

»Was machst du gerade?«, fragte er schließlich, es klang geradezu obszön, und seine Stimme zitterte ein wenig. »Nichts«, sagte ich. »Ich sitze so rum und lese Zeitung.« – »Ich hol dich ab. In zehn Minuten«, sagte Stein und legte auf.

Fünf Minuten später war er da, nahm den Daumen auch dann noch nicht von der Klingel, als ich ihm schon lange geöffnet hatte. Ich sagte: »Stein, das nervt. Hör auf zu klingeln«, ich wollte sagen: Stein, es ist saukalt draußen, ich habe keine Lust, mit dir rauszufahren, verschwinde. Stein hörte auf zu klingeln, legte den Kopf schief, wollte was sagen, sagte nichts. Ich zog mich an. Wir fuhren los, sein Taxi roch nach Zigaretten, ich kurbelte das Fenster herunter und hielt mein Gesicht in die kalte Luft.

Die Beziehung zu Stein, wie die anderen das nannten, lag damals schon zwei Jahre zurück. Sie hatte nicht lange angedauert und vor allem aus gemeinsamen Fahrten mit seinem Taxi bestanden. Ich hatte ihn in seinem Taxi kennen gelernt. Er hatte mich zu einem Fest gefahren und auf der Autobahn eine Trans-AM-Kassette in den Rekorder geschoben, als wir da waren, sagte ich, das Fest sei jetzt doch woanders, und wir fuhren weiter, und irgendwann schaltete er die Uhr ab. Er kam mit zu mir. Er stellte seine Plastiktüten in meinen Flur und blieb drei Wochen lang. Stein hatte nie eine eigene Wohnung besessen, er zog mit diesen Tüten durch die Stadt und schlief mal hier und mal da, und wenn er nichts fand, schlief er in seinem Taxi. Er war nicht das, was man sich unter einem Obdachlosen vorstellt. Er war sauber, gut angezogen, nie verwahrlost, er hatte Geld, weil er arbeitete, er hatte eben keine eigene Wohnung, vielleicht wollte er keine.

Trans-AM-Kassette
→ Seite 144

In den drei Wochen, in denen Stein bei mir lebte, fuhren wir mit seinem Taxi durch die Stadt. Das erste Mal über die Frankfurter Allee, bis zu ihrem Ende und wieder zurück, wir hörten Massive Attack und rauchten und fuhren die Frankfurter Allee wohl eine Stunde lang rauf und runter, bis Stein sagte: »Verstehst du's?«

Massive Attack
1983 gegründete Popgruppe

Mein Kopf war völlig leer, ich fühlte mich ausgehöhlt und in einem seltsamen Schwebezustand, die Straße vor uns war breit und nass vom Regen, die Scheibenwischer schoben sich über die Windschutzscheibe, vor – zurück. Die Stalin-Bauten zu beiden Seiten der Straße waren riesig und fremd und schön. Die Stadt war nicht mehr die Stadt, die ich kannte, sie war autark und menschenleer, Stein sagte: »Wie ein ausgestorbenes Riesentier«, ich sagte, ich würde ihn verstehen, ich hatte aufgehört zu denken.

Stalin-Bauten
→ Seite 144

autark
unabhängig

Danach fuhren wir fast immer mit dem Taxi herum. Stein hatte für jede Strecke eine andere Musik, Ween für die Landstraßen, David Bowie für die Innenstadt, Bach für die Alleen, Trans-AM nur für die Autobahn. Wir fuhren fast immer Autobahn. Als der erste Schnee fiel, stieg Stein an jedem Rastplatz aus dem Auto, rannte auf den verschneiten Acker und vollführte dort langsame und konzentrierte Taekwondo-Bewegungen, bis ich lachend und wütend schrie, er solle zurückkommen, ich wolle weiterfahren, mir sei kalt.

Ween
amerikanische Punk-Popgruppe

David Bowie
englischer Rocksänger (geb. 1947)

Taekwondo
koreanische Kampfsportart

Irgendwann hatte ich genug. Ich packte ihm seine drei Plastiktüten zusammen und sagte, es sei Zeit, dass er sich eine neue Bleibe suche. Er bedankte sich und ging. Er zog zu Christiane, die unter mir wohnte, dann zu Anna, zu Henriette, zu Falk, dann zu den anderen. Er vögelte sie alle, das ließ sich nicht vermeiden, er war ziemlich schön, Fassbinder hätte seine helle Freude an ihm gehabt. Er war dabei. Und auch nicht. Er gehörte nicht dazu, aber aus irgendeinem Grund blieb er. Er saß Modell in Falks Atelier, legte Kabel auf Annas Konzerten, hörte Heinzes Lesungen im Roten Salon. Er applaudierte im Theater, wenn wir applaudierten, trank, wenn wir tranken, nahm Drogen, wenn wir sie nahmen. Er war auf den Festen dabei, und wenn wir rausfuhren, sommers, in die schäbigen, schiefen, kleinen Landhäuschen, die sie bald

Fassbinder
→ Seite 144

Roten Salon
Veranstaltungsort im Theater »Volksbühne« in Berlin

alle hatten, und auf deren morschen Zäunen »Berliner raus!«, geschmiert war, kam er mit. Und ab und an nahm ihn einer von uns mit ins Bett, und ab und an sah einer zu.

Ich nicht. Ich wiederholte nicht. Ich kann sagen – es war nicht meine Art. Ich konnte mich auch nicht erinnern, wie das, wie also Sex mit Stein gewesen war.

Wir saßen mit ihm da rum, in den Gärten und Häusern von Leuten, mit denen wir nichts zu tun hatten. Arbeiter hatten da gelebt, Kleinbauern, Hobbygärtner, die uns hassten und die wir hassten. Den Einheimischen gingen wir aus dem Weg, schon an sie zu denken machte alles kaputt. Es passte nicht. Wir klauten ihnen das »Unter-uns-Sein«, entstellten die Dörfer, Felder und noch den Himmel, das kriegten sie mit, an der Art und Weise, wie wir da umhergingen im Easy-Rider-Schritt, die abgebrannten Jointstummel in die Blumenrabatten ihrer Vorgärten schnippten, uns anstießen, echauffiert. Aber wir wollten da sein, trotz allem. In den Häusern rissen wir die Tapete runter, entfernten Plaste und Elaste, Stein machte das; wir saßen im Garten, tranken Wein, guckten blöde auf Baumgruppe in Mückenschwarm und redeten über Castorf und Heiner Müller und Wawerzineks letzten Absturz in der Volksbühne. Wenn Stein genug gearbeitet hatte, setzte er sich zu uns. Zu sagen hatte er nichts. Wir nahmen LSD, Stein nahm es auch. Toddi taumelte ins Abendlicht, faselte bei jeder Berührung etwas von »Blau«, Stein lächelte übertrieben heiter und schwieg. Er bekam ihn nicht hin, unseren spitzfindigen, neurasthenischen, abgefuckten Blick, obwohl er sich darum bemühte; meist sah er uns an, als ob wir auf einer Bühne agierten. Einmal war ich mit ihm allein, vielleicht im Garten von Heinzes Haus in Lunow, die anderen aufgebrochen zum Sonnenuntergang auf Speed. Stein räumte Gläser, Aschenbecher, Flaschen und Stühle weg. Es gelang ihm. Bald

Easy-Rider-Schritt Motorradfahrergang
Jointstummel Zigarettenkippe mit Haschisch oder Marihuana
Blumenrabatten Randbeete
echauffiert aufgeregt
Castorf → Seite 144
Heiner Müller → Seite 144
Wawerzineks → Seite 144
Volksbühne Berliner Theater
LSD Designerdroge (Lysergsäurediathylamid)

neurasthenischen nervenschwachen
abgefuckten unsympathischen, arroganten
Speed Aufputschmittel

erinnerte nichts mehr an die anderen. »Willst du Wein?«, fragte er, ich sagte: »Ja«, wir tranken, rauchten schweigend, er lächelte jedes Mal, wenn wir uns ansahen. Und das war's.

Prenzlau
Stadt nordöstlich von Berlin

Ich dachte: »Und das war's«, als ich jetzt neben Stein im Taxi saß, Frankfurter Allee Richtung Prenzlau, Nachmittagsverkehr. Der Tag war diesig und kalt, Staub in der Luft, glotzende, blöde, fingerreckende, müde Autofahrer neben uns. Ich rauchte eine Zigarette und fragte mich, warum gerade ich jetzt neben Stein sitzen musste, warum er gerade mich angerufen hatte – weil ich ein Anfang gewesen war, für ihn? Weil er Anna oder Christiane oder Toddi nicht erreicht hatte? Weil keiner von denen mit ihm rausgefahren wäre? Und warum fuhr ich mit ihm raus? Ich kam an keine Antwort heran. Ich warf die Zigarettenkippe aus dem Fenster, ignorierte den Kommentar des Autofahrers neben uns; im Taxi war es scheußlich kalt. »Stimmt was mit der Heizung nicht, Stein?« Stein antwortete nicht. Es war das erste Mal, dass wir wieder zusammen in seinem Auto saßen, seit damals, ich sagte nachsichtig: »Stein, was ist das für ein Haus. Was hast du dafür bezahlt.« Stein schaute unkonzentriert in den Rückspiegel, fuhr über rote Ampeln, wechselte unentwegt die Spur, zog die Glut seiner Zigarette bis an die Lippen herunter. »80 000«, sagte er. »Ich hab 80 000 Mark dafür bezahlt. Es ist schön. Ich hab's gesehen, und hab gewusst – das ist es.« Er hatte rote Flecken im Gesicht und hämmerte mit der flachen Hand auf die Hupe, während er einem Bus die Vorfahrt nahm. Ich sagte: »Woher hast du 80 000 Mark?«, er warf mir einen kurzen Blick zu und antwortete: »Du stellst die falschen Fragen.« Ich beschloss, nichts mehr zu sagen.

Wir verließen Berlin, Stein fuhr von der Autobahn hinunter auf die Landstraße, es begann zu schneien. Ich wurde müde, wie immer beim Autofahren. Ich starrte auf die Scheibenwischer, in den wirbelnden Schnee, der uns in konzentrischen Kreisen entgegenkam, ich dachte an das Autofahren mit Stein vor zwei Jahren, an die seltsame Euphorie, an die Gleichgültigkeit, an die Fremdheit. Stein fuhr ruhiger, sah ab und an flüchtig zu mir hin. Ich fragte: »Funktioniert der Kassettenrekorder nicht mehr?« Er lächelte, sagte: »Doch. Ich wusste nicht … wenn du's noch magst.« Ich verdrehte die Augen – »Natürlich mag ich's noch.« –, schob die Callaskassette in den Rekorder, auf der Stein eine Donizettiarie zwanzigmal hintereinander montiert hatte. Er lachte. »Du weißt das noch.« Die Callas sang, sie ging hoch und runter, Stein beschleunigte und verlangsamte, ich musste auch lachen und berührte mit der Hand kurz seine Wange. Die Haut war ungewohnt stachelig. Ich dachte: »Was ist gewohnt«, Stein sagte: »Siehste«, und ich sah, dass er es sofort bereute.

konzentrischen Kreisen **Kreisen mit gleichem Mittelpunkt**

Euphorie **Glücksgefühl**

Donizettiarie **→ Seite 144**

Hinter Angermünde bog er von der Landstraße ab und bremste vor der Einfahrt zu einem Sechziger-Jahre-Flachbau so heftig, dass ich mit dem Kopf gegen die Windschutzscheibe flog. Ich fragte enttäuscht und beunruhigt: »Ist es das?«, und Stein freute sich darüber und schlitterte auf dem vereisten Beton mit übertriebenen Bewegungen auf die Frau im Küchenkittel zu, die aus der Haustür getreten war. An ihren Kittel krallte sich ein blasses, kümmerliches Kind. Ich kurbelte die Scheibe herunter, hörte, wie er mit jovialer Herzlichkeit: »Frau Andersson!« rief – ich hatte seine Art, mit Leuten dieses Schlags umzugehen, schon immer gehasst –, sah, wie er ihr die Hand entgegenstreckte und wie sie sie nicht nahm, sondern ein riesiges Schlüsselbund hineinfallen ließ. »Wasser gibt's nicht bei Frost«, sagte sie. »Zuleitung is kaputt. Aber Strom wollnse nächste Woche anstelln.« Das Kind an ihrem Kittel fing an zu heulen. »Macht nix«, sagte Stein, schlitterte zum Auto zurück, blieb vor meiner heruntergekurbelten

jovialer **betont wohlwollender**

Scheibe stehen und bewegte sein Becken elegant und obszön im Kreis. Er sagte: »Come on baby, let the good times roll.« Ich sagte: »Stein. Lass das«, ich spürte, wie ich rot wurde, das Kind ließ den Kittel der Frau los und ging einen erstaunten Schritt auf uns zu.

»Die haben drin gewohnt«, sagte Stein, als er den Motor wieder anließ; er setzte rückwärts auf die Landstraße, der Schnee fiel jetzt dichter, ich drehte mich um und sah die Frau und das Kind im erleuchteten Rechteck der Tür stehen, bis das Haus hinter einer Kurve verschwand. »Sie sind sauer, weil sie vor einem Jahr rausmussten. Aber nicht ich hab sie rausgesetzt, sondern der Eigentümer aus Dortmund. Ich hab's bloß gekauft. Von mir aus hätten sie drinbleiben können.« Ich sagte verständnislos: »Die sind doch ekelhaft«, und Stein sagte: »Was ist ekelhaft« und warf mir das Schlüsselbund in den Schoß. Ich zählte die Schlüssel, es waren dreiundzwanzig Stück, ganz kleine und sehr große, alle alt und mit schön geschwungenem Griff, ich sang halblaut vor mich hin: »Der Schlüssel zum Stall, der Schlüssel zum Boden, der fürs Tor, für die Scheune, fürs gute Zimmer, für Melkkammer, Briefkasten, Keller und Gartentor«, und auf einmal – ohne, dass ich das wirklich gewollt hätte – verstand ich Stein, seine Begeisterung, seine Vorfreude, seine Fiebrigkeit. Ich sagte: »Es ist schön, dass wir da zusammen hinfahren, Stein«, und er weigerte sich, mich anzusehen, und sagte: »Jedenfalls kann man von der Veranda aus die Sonne hinterm Kirchturm untergehen sehen. Und wir sind gleich da. Hinter Angermünde kommt Canitz, und in Canitz steht das Haus.«

Canitz war schlimmer als Lunow, schlimmer als Templin, schlimmer als Schönwalde. Graue, geduckte Häuser auf beiden Seiten der gekrümmten Landstraße, Bretterverschläge vor vielen Fenstern, kein Laden, kein Bäcker, kein Gasthaus. Das Schneegestöber nahm zu. »Viel Schnee hier, Stein« sagte ich, und er sagte: »Klar«, als hätte er den Schnee zusammen mit dem Haus gekauft. Als auf der linken Seite der Straße die Dorfkirche auftauchte, dann doch schön und rot mit einem runden Glockenturm, fing Stein an, ein summendes, seltsames Geräusch zu machen, wie eine Fliege, die im Sommer gegen die geschlossenen Fenster stößt. Er lenkte das Auto auf einen kleinen Querweg, bremste ab, nahm im selben Moment mit einer emphatischen Geste die Hände vom Lenkrad und sagte: »Das ist es.«

emphatischen **nachdrücklichen**

Ich sah aus dem Autofenster und dachte: »Das ist es noch fünf Minuten.« Das Haus sah aus, als würde es jeden Moment lautlos und plötzlich in sich zusammenfallen. Ich stieg aus und schloss die Wagentür so vorsichtig, als könne jede Erschütterung eine zu viel sein, und auch Stein lief auf Zehenspitzen auf das Haus zu. Das Haus war ein Schiff. Es lag am Rand dieser canitzschen Dorfstraße wie ein in lange vergangener Zeit gestrandetes, stolzes Schiff. Es war ein großes, zweistöckiges Gutshaus aus rotem Ziegelstein, es hatte ein skelettiertes Giebeldach mit zwei hölzernen Pferdeköpfen zu beiden Seiten, in den meisten Fenstern waren keine Scheiben mehr. Die windschiefe Veranda wurde nur noch vom dichten Efeu zusammengehalten, und durchs Mauerwerk liefen daumendicke Risse. Das Haus war schön. Es war *das* Haus. Und es war eine Ruine.

Das Tor, von dem Stein versuchte, das Schild mit der Aufschrift »Zu verkaufen« zu entfernen, sank mit einem Klagelaut um. Wir stiegen darüber hinweg, dann blieb ich stehen, erschrocken über Steins Gesichtsausdruck, und sah, wie er hinter dem Efeu der Veranda verschwand. Kurz darauf fiel ein

Fensterrahmen aus dem Haus, Steins fieberndes Gesicht erschien zwischen den Glaszacken einer Scheibe, angeleuchtet vom Schein einer Petroleumlampe.

Petroleumlampe schlecht brennende Lampe

»Stein!«, rief ich. »Komm da raus! Es stürzt zusammen!«

»Komm rein!«, rief er zurück. »Es ist doch mein Haus!«

Ich fragte mich kurz, weshalb das beruhigend sein sollte, dann stolperte ich über Mülltüten und Schrott auf die Veranda zu. Ihre Bretter ächzten, der Efeu verschluckte sofort jedes Licht, ich schob angewidert die Ranken beiseite, und dann zog mich Steins eiskalte Hand in den Hausflur hinein. Ich griff zu. Ich griff nach seiner Hand, plötzlich wollte ich seine Berührung nicht wieder verlieren, und erst recht nicht den Schein seiner kleinen Petroleumfunzel; Stein summte, und ich folgte ihm.

Er stieß alle Fensterläden in den Garten hinaus, und wir sahen das letzte Tageslicht durch die roten Scheibensplitter der Türen. Das Schlüsselbund, das schwer in meiner Jackentasche wog, war überhaupt nicht notwendig, alle Türen standen offen oder waren nicht mehr vorhanden. Stein leuchtete, zeigte, beschrieb, stellte sich atemlos vor mich hin, wollte etwas sagen, sagte nichts, zog mich weiter. Streichelte Treppengeländer und Klinken, klopfte gegen Wände, zupfte Tapete herunter und bestaunte den staubigen Putz, der darunter zum Vorschein kam. Er sagte: »Siehst du?«, und: »Fühl mal!«, und: »Wie findest du das?«, ich brauchte ihm nicht zu antworten, er redete zu sich selbst. Er kniete sich in der Küche auf den Boden, wischte mit den Händen den Dreck von den Fliesen und sprach vor sich hin; ich klammerte mich die ganze Zeit über an ihn und war doch nicht mehr vorhanden. An den Wänden hatten Jugendliche ihre Markierungen hinterlassen – *Geh zu ihr, und lass deinen Drachen steigen. Ich war hier. Mattis. No risk, no fun* – ich sagte: »Geh zu ihr, und lass dei-

No risk, no fun engl. »kein Risiko, kein Spaß«

nen Drachen steigen«, Stein drehte sich plötzlich irr zu mir herum und sagte: »Was?«, ich sagte: »Nichts.« Er packte mich am Arm und schob mich vor sich her, stieß die Hintertür mit einem Fußtritt in den Garten hinaus und mich eine kleine Treppe herunter. »Hier.«

Ich sagte: »Was – hier.«

»Na alles!«, sagte Stein, ich hatte ihn noch nie so unverschämt erlebt. »See, märkisch, Kastanien auf dem Hof, drei Morgen Land, ihr könnt euer gottverdammtes Gras hier anbauen und Pilze und Hanf und Scheiße. Platz genug, verstehst du? Platz genug! Ich mach euch hier 'nen Salon und 'n Billardzimmer und 'n Raucherzimmer, und jedem seinen eigenen Raum und großer Tisch hinterm Haus für Scheißessen und Dreck, und dann kannste aufstehen und zur Oder laufen und dir da Koks einfahren, bis dir der Schädel platzt«, er drehte grob meinen Kopf aufs Land hinaus, es war zu dunkel, ich konnte fast nichts mehr erkennen, ich fing an zu zittern.

Gras **Marihuana**
Hanf **Canabis sativa (Marihuana)**
Koks einfahren **Kokain schnupfen**

Ich sagte: »Stein. Bitte. Hör auf.«

Er hörte auf. Er schwieg, wir schauten uns an, wir atmeten heftig und fast im gleichen Rhythmus. Er legte seine Hand langsam an mein Gesicht, ich zuckte zurück, er sagte: »In Ordnung. In Ordnung, in Ordnung. O. K.«

Ich stand still. Ich verstand nichts. Sehr fern verstand ich doch etwas, aber es war noch viel zu weit weg. Ich war erschöpft und matt, ich dachte an die anderen und spürte eine kurze Wut darüber, dass sie mich hier alleine gelassen hatten, dass niemand da war, Christiane nicht, Anna nicht, Heinze nicht, um mich vor Stein zu schützen. Stein scharrte mit den Füßen herum und sagte: »Tut mir Leid.«

Ich sagte: »Macht nichts. Schon gut.«

Er nahm meine Hand, seine Hand war jetzt warm und weich, er sagte: »Also, die Sonne hinterm Kirchturm.«

Er wischte auf der Veranda den Schnee von den Treppenstufen und forderte mich zum Sitzen auf. Ich setzte mich. Mir war unglaublich kalt. Ich nahm die angezündete Zigarette, die er mir hinhielt, rauchte, starrte auf den Kirchturm, hinter dem die Sonne schon untergegangen war. Ich hatte das schuldige Gefühl, irgendetwas Zukunftsweisendes, Optimistisches sagen zu müssen, ich fühlte mich verwirrt, ich sagte: »Ich würde den Efeu von der Veranda wegmachen, im Sommer. Sonst können wir nichts sehen, wenn wir hier sitzen wollen und Wein trinken.«

Stein sagte: »Mach ich.«

Ich war mir sicher, dass er überhaupt nicht zugehört hatte. Er saß neben mir, er sah müde aus, er schaute auf die leere, schneeweiße, kalte Straße; ich dachte an den Sommer, an die Stunde in Heinzes Garten in Lunow, ich wünschte mir, dass mich Stein noch einmal so ansehen würde, wie er mich damals angesehen hatte, und ich hasste mich dafür. Ich sagte: »Stein, kannst du mir was sagen, bitte? Kannst du mir vielleicht irgendetwas erklären?«

schnickte **schnellte mit dem Finger weg**

Stein schnickte seine Zigarette in den Schnee, sah mich nicht an, sagte: »Was soll ich dir denn sagen. Das hier ist eine Möglichkeit, eine von vielen. Du kannst sie wahrnehmen, oder du kannst es bleiben lassen. Ich kann sie wahrnehmen, oder abbrechen und woanders hingehen. Wir können sie zusammen wahrnehmen oder so tun, als hätten wir uns nie gekannt. Spielt keine Rolle. Ich wollt's dir nur zeigen, das ist alles.«

Ich sagte: »Du hast 80 000 Mark bezahlt, um mir eine Möglichkeit zu zeigen, eine von vielen? Hab ich das richtig verstanden? Stein? Was soll das?«

Stein reagierte nicht. Er beugte sich vor und sah angestrengt auf die Straße, ich folgte seinem Blick; die Straße war dämmrig, der Schnee reflektierte das letzte Licht und blendete. Auf der anderen Straßenseite stand jemand. Ich kniff die Augen zusammen und richtete mich auf, die Gestalt war vielleicht fünf Meter entfernt, sie drehte sich um und lief in den Schatten zwischen zwei Häusern. Ein Gartentor klappte, ich war überzeugt, das Kind aus Angermünde erkannt zu haben, das blasse, blöde Kind, das sich an den Kittel der Frau gekrallt hatte.

Stein stand auf und sagte: »Lass uns fahren.«

Ich sagte: »Stein – das Kind. Aus Angermünde. Warum steht es hier auf der Straße herum und beobachtet uns?«

Ich wusste, dass er nicht antworten würde. Er hielt mir die Wagentür auf, ich blieb vor ihm stehen, ich wartete auf irgendetwas, auf eine Berührung, auf eine Geste. Ich dachte: ›*Du* wolltest doch immer mit uns sein.‹

Stein sagte kühl: »Danke, dass du mitgekommen bist.«

Da stieg ich ins Auto.

Was für eine Musik wir auf der Rückfahrt gehört haben, weiß ich nicht mehr. Ich habe Stein in den darauf folgenden Wochen auch nur selten gesehen. Die Seen froren zu, wir kauften Schlittschuhe, zogen nachts mit Fackeln durch den Wald und aufs Eis hinaus. Wir hörten Paolo Conte aus Heinzes Ghettoblaster, schluckten Ecstasy und lasen uns die besten Stellen aus Bret Easton Ellis' *American Psycho* vor. Falk küsste Anna, und Anna küsste mich, und ich küsste Christiane. Stein war manchmal dabei. Er küsste Henriette, und wenn er das tat, schaute ich weg. Wir gingen uns aus dem Weg. Er hatte niemandem erzählt, dass er das Haus nun endlich gekauft hatte, er hatte nicht erzählt, dass er mit mir rausgefahren war. Ich auch nicht. Ich dachte nicht an das Haus, aber manchmal, wenn wir mit seinem Taxi zurück in die Stadt fuhren und unsere Schlittschuhe und Fackeln in den Kofferraum warfen, entdeckte ich dort Dachpappe, Tapeten und Wandfarbe.

Paolo Conte
→ Seite 144
Ghettoblaster
lauter, leistungsstarker Radiorekorder
Ecstasy
Designerdroge
American Psycho
→ Seite 144

Im Februar brach Toddi auf dem Griebnitzsee ein. Heinze raste auf Schlittschuhen über das Eis, reckte seine Fackel hoch und schrie: »Was für'n Spaß wir haben können, was für'n Heidenspaß, ich fass es nicht!«, er war völlig besoffen, und Toddi schlitterte hinter ihm her, und wir riefen: »Sag: *Blau,* Toddi! Sag es!«, und dann knackte es, und Toddi verschwand.

Wir standen still. Heinze zog mit offenem Mund eine großartige Schleife, das Eis summte, von unseren Fackeln tropfte zischend Wachs. Falk rannte los, stolpernd auf Schlittschuhen, Anna riss ihren Schal herunter, Christiane hielt sich dümmlich die Hände vors Gesicht und kreischte dünn. Falk robbte auf dem Bauch, Heinze war nicht mehr zu sehen. Falk schrie nach Toddi, und Toddi schrie zurück. Anna warf ihren Schal, Henriette klammerte sich an Falks Füße, ich blieb stehen. Stein blieb auch stehen. Ich nahm die angezündete Zigarette, die er mir hinhielt, er sagte: *»Blau«,* ich sagte: *»Kalt«,* und dann fingen wir an zu lachen. Wir lachten und krümmten uns und legten uns aufs Eis, und die Tränen liefen uns übers Gesicht; wir lachten und konnten nicht mehr aufhören, auch dann nicht, als sie Toddi brachten, nass und zitternd, und Henriette sagte: »Seid ihr bescheuert, oder was.«

Premiere
Erstaufführung

Im März verschwand Stein. Er erschien nicht zu Heinzes dreißigstem Geburtstag und nicht zu Christianes Premiere und auch nicht zu Annas Konzert. Er war weg, und als Henriette blöde unauffällig fragte, wo er sei, zuckten sie mit den Schultern. Ich zuckte nicht mit den Schultern, aber ich schwieg. Eine Woche später kam die erste Karte. Es war ein Foto der Dorfkirche von Canitz, und auf der Rückseite stand:

Das Dach ist dicht. Das Kind putzt sich die Nase, spricht nicht, ist immer da. Auf die Sonne ist Verlass, ich rauche, wenn sie geht, ich habe was gepflanzt, das kannst du essen. Den Efeu schneid ich, wenn du kommst, du weißt, du hast die Schlüssel immer noch.

Danach kamen regelmäßig Karten, ich wartete, wenn sie einen Tag ausblieben, war ich enttäuscht. Es waren immer Fotos der Kirche und immer vier oder fünf Sätze, wie kleine Rätsel, manchmal schön, manchmal unverständlich. Stein schrieb oft ... *wenn du kommst.* Er schrieb nicht: »Komm.« Ich beschloss, auf das »Komm« zu warten, und dann loszufahren. Im Mai kam keine Karte, aber ein Brief. Ich betrachtete Steins ungelenke, große Handschrift auf dem Umschlag, kroch zu Falk ins Bett zurück und riss das Papier auf. Falk schlief noch und schnarchte. Im Umschlag war ein aus dem Angermünder Anzeiger ausgeschnittener Zeitungsartikel, Stein hatte das Datum auf die Rückseite gekritzelt. Ich schob Falks schlafwarmen Körper beiseite, faltete den Artikel auseinander und las:

REGIONALES
In der Nacht zu Freitag brannte in Canitz das ehemalige Gutshaus bis auf die Grundmauern ab. Der Besitzer, ein Berliner, der das im 18. Jahrhundert erbaute Haus vor einem halben Jahr gekauft und wieder instand gesetzt hatte, ist seitdem als vermisst gemeldet. Die Unglücksursache steht noch nicht fest, die Polizei schließt Brandstiftung bisher nicht aus.

Ich las das drei Mal. Falk bewegte sich. Ich starrte von dem Artikel auf Steins Handschrift auf dem Briefumschlag und zurück auf den Artikel. Der Poststempel auf der Briefmarke war aus Stralsund. Falk wachte auf, sah mich einen Moment lang teilnahmslos an, griff dann nach meinem Handgelenk und fragte mit der fiesen Schläue der Dummen:

»Was ist das?«

Ich zog meine Hand weg, stieg aus dem Bett und sagte: »Nichts.«

Ich ging in die Küche und stand zehn Minuten lang stumpfsinnig vor dem Herd herum. Die Uhr über dem Herd tickte. Ich lief ins hintere Zimmer, zog die Schreibtischschublade auf und legte den Briefumschlag zu den anderen Karten und dem Schlüsselbund. Ich dachte: »Später.«

Maike Wetzel

Hochzeiten 2000

Hochzeiten

Am Sonntag kam ich zu Besuch, und der Geliebte meiner Mutter grüßte mich mit lauten Worten, Rosalie, du, mein Augenschein, willst du nicht ein Stück Braten haben. Natürlich wollte ich, und meine Mutter servierte vorzüglich. Ich war nicht sicher, ob der Schweinebraten sich mit dem Islam vertrug, wie ihn der Geliebte meiner Mutter predigte, doch er kaute und schluckte so gern, dass ich's ihm nicht verderben wollte. Meine Mutter trug die Sonnenbrille, die Wagenrädern gleicht; die Sonne spiegelte sich in den großen Gläsern, und wir saßen auf dem Balkon über der Schnellstraße. Die Autos zischten vorbei, und ab und an winkten wir einem Fernfahrer zu. Faisal regte sich auf und sagte, lasst das sein, ihr Frauen, sonst muss ich euch verhauen. Meine Mutter drückte ihren weichen Hintern auf seinen Schoß, sah ihn von unten an und sagte, Faisal, Faisal, dein Kinn ist noch ganz glatt, was willst du uns sagen, was wir zu tun und lassen haben. Er lachte dann, strich ihr über den blonden Flaum auf der Wange, und es war da was zwischen den beiden, das mich ganz kirre machte.

Islam **auf den Propheten Mohammed zurückgehende Weltreligion**

kirre **nervös**

Faisal hatte einen kleinen Überbiss und eine große Familie, die er verlassen hatte, um hier im Norden Geschäfte zu machen. Meine Mutter hatte nur mich. Sie arbeitete in der Kaufhalle am Imbissstand. Faisal konnte nicht arbeiten. Er war

Überbiss **Vorstehen der oberen Schneidezähne**

illegal ungesetzlich

illegal hier. Den lieben langen Tag saß er in der Wohnung, oder seine Freunde besuchten ihn. Sie waren alle wichtige Geschäftsleute, und über kurz oder lang würde er mit seinen geheimen Spekulationen einen großen Coup für sich und meine Mutter landen. Meine Mutter hatte früher mit gebrauchten Autos gehandelt. Sie wusste, was man drehen und was man besser lassen sollte. Ich hab mir da nie Sorgen gemacht. Sie hatte ein einsames Leben gehabt, und Faisal füllte ihre Mitte.

Als ich aufgegessen hatte, lehnte ich mich auf dem Klappstuhl zurück, sog den Staub der letzten Sommertage ein und sagte, Mutter, was wünschst du dir zum Sechzigsten? Sie sagte, ach, Kind, das ist doch noch lange hin, es gibt vieles, was ich vorher zu erledigen hab. Faisal braucht einen neuen Anzug, du siehst, der alte passt nicht mehr. Faisal strich sich über den Bauch. Und wir fahren weg, am Sonntag, kannst du die Blumen gießen? Wo ich doch zwei Stunden entfernt wohne, wenn die Straßen wieder zu sind. Ich wollte protestieren, doch meine Mutter sagte, wir heiraten am fünfzehnten. Ich war überrascht, dass Faisals Papiere dafür reichten und meine Mutter vor mir unter die Haube kam. Mein Geliebter war leider schon verheiratet. Er war ein großer Finanzhai und seine Frau ein liebliches Geschöpf. Sie standen täglich in der Zeitung. Aber ich will mich nicht beklagen. Ich bekam, was auf der Packung stand. Meine Mutter wollte ein Hochzeitskleid, ein weißes mit Schleppe. Faisal nickte. Ich sollte ihre Liebe bezeugen. Aber da gab's nicht mehr viel zu sagen, als danke, bitte und schön. Wir spülten ab und gossen uns einen Jägermeister ein. Die Dauerwelle meiner Mutter stand um ihr Gesicht wie ein Tortendeckchen.

Am Montag gingen wir zu Natalie-Moden, und die Kleider waren alle schön, doch nicht das, was meine Mutter verlangte.

Sie wollte ein jungfräuliches Kleid, eines, das ihre Formen umspielte wie das Wasser die Venus in der Muschel. Die Verkäuferin musterte die Fleischwürste an der Taille meiner Mutter, und es gab nichts, was mich hätte überzeugen können, meine Mutter in dieses Kleid zu nähen. Schließlich kauften wir eines, das nur zwei Nummern zu klein war und eine kleine Schleife über dem Po hatte. Meine Mutter setzte sich auf Diät. Aber bevor sie mit Kalorienzählen begann, schaute sie mich kritisch an und sagte, Rosalie, du hattest nie viele Freunde, im Kindergarten haben sie dich immer als Gefangene genommen, du weintest so schön, aber so, wie du jetzt lebst, weiß ich auch nicht, ob du glücklich bist. Ich wusste wirklich nicht, was sie meinte. Die Männer, Rosalie, mögen es nicht, wenn man sie daran erinnert, dass sie nur ein Wegposten sind. Du schaust sie nicht an, Rosalie, das ist ein Fehler, du schaust durch sie hindurch und siehst, dass sie irgendwann abbiegen. Die einen schweigen sich aus, die anderen fliehen unter andere Schürzen, es kann Schlimmeres geben, weißt du. Sie zupfte an der Klarsichtfolie um das weiße Tüllbündel in ihrem Arm. Die Straßenbahn war voll, und vor uns stand ein Mann, den versuchte ich anzuschauen, aber er drehte sich weg. Ich beschloss, meiner Mutter von Justus, Fabian und Michael zu erzählen, den famosen Drei, die mich mal auf eine Bootsfahrt eingeladen hatten, als ich ein weißes Sommerkleid trug und irgendwie so auf dem Steg herumstand. Doch dann fiel mir ein, dass es zu regnen angefangen hatte, als ich in die Ruder griff, und wir hatten wieder anlegen müssen. Das war schade, denn an Land warteten drei Mädchen, und im Auto war kein Platz für mich. Mein Sommerkleid hatte traurig-nass an mir geklebt, und die Penner unter ihren alten Zeitungen hatten mir nachgerufen, ich hätte was verloren. Meine Mutter kaufte Faisal ein arabisches Buch in dem Gemüseladen an der Ecke. Er langweilte sich oft zu Hause. Der Ladenbesitzer sagte, es sei ein gutes Buch, besonders für einen Ehemann. Alle in der Straße wussten, was bevorstand. Wir schauten Faisal zu, wie er auf dem Sofa von hinten nach vorn blätterte und von rechts nach links las. Ich sagte schnell Tschüs, als ich sah, dass meine Mutter nach den Fotoalben griff.

Totes Meer **abflussloser Salzsee zwischen Israel und Jordanien**

Samenbank **→ Seite 144**

Zu Hause rief ich meinen Geliebten an. Wir könnten doch nach Israel fahren, sagte ich, wenn er noch wolle. Ans Tote Meer, ich hätte es mir anders überlegt. Jetzt sofort, über die Feiertage, bis nach dem fünfzehnten, wenn er wolle. Er sagte, das ginge nicht, ich hätte das früher wissen sollen, jetzt sei eins der Kinder krank, und er könne nicht weg, wenn in der Firma alles drunter und drüber ginge und seine Frau. Er hatte Recht, und es war albern von mir in die Wüste fahren zu wollen. Im Büro gab es einen, den ich besonders mochte und ihm deshalb nie Kaffee machte, er hätte ja zu heiß oder zu stark sein können. Ich schaute ihn an, wie er so durch das Büro schlenderte. Ich fragte Sonja, die mir gegenübersitzt, wie viele Menschen ein Mensch braucht. Geistesabwesend murmelte sie, horizontal oder vertikal? Das wusste ich auch nicht. Es hatte in unserer Familie verschiedene Stadien des Wahnsinns gegeben, und ich wollte mich versichern, dass ich ein Leben hatte, bevor sie kamen und mich in ein bereits reserviertes Zimmer steckten. Rosalie, was erwartest du von mir, sagte mein Geliebter. Vor drei Jahren, ja, da wäre alles anders gewesen, aber du weißt doch, wie das ist jetzt, und du hast nie von Kindern gesprochen. Also wirklich, sagte ich, das braucht eine Frau doch nicht zu sagen, das versteht sich von selbst. Und es sei ja wohl nicht zu viel verlangt von einem, dem man nun schon fünf Jahre den Rücken decke. Wie bitte, sagte mein Geliebter. Wenn das so sei, könne ich ja gleich in die Samenbank gehen. Aber da war ich schon einmal gewesen. Die wollten mich nicht.

Ich besuchte Faisal, als meine Mutter arbeitete. Er saß auf dem Klappsofa, eingefahren, auf dem sie nachts schliefen, ausgefahren. Wie das sei, fragte ich ihn, so den ganzen Tag hier zu hocken. Es gab nur einen Raum in der Wohnung, außer dem Klo. Er zuckte mit den Schultern und sagte, er schlafe viel. Ich setzte mich neben ihn.

Meine Mutter und Faisal bestellten das Aufgebot. Mein Geliebter konnte nicht zur Hochzeit kommen, weil er zu bekannt war. Ich musste ständig auf Toilette. Meine Mutter übernachtete bei mir, um eine reine, neue Braut zu sein. Faisal hatte geglüht vor Aufregung und sich gerade frisch rasiert, als wir ihn am Vorabend verließen. Meine Mutter sagte zu mir, du siehst müde aus, so angestrengt. Das stimmte gar nicht, ich musste nur aufs Klo. Bei der Abfahrt zu meinem Viertel entschloss ich mich, etwas zu sagen. Faisal ist ein netter Junge, sagte ich, und da ist ja nun nichts dran auszusetzen. Ob das Kleid passe?, fragte meine Mutter. Machst du dir nie Sorgen, sagte ich und hätte fast die Ampel übersehen. Dass er dir weglaufen könnte, meine ich, jetzt, wo er rausgehen kann. Nein, antwortete meine Mutter knapp, und ich hätte sie auch fragen können, ob sie an den Weihnachtsmann glaube. Wir aßen Frankfurter und Brötchen zu Abend. Meine Mutter betrachtete den Kalender in der Küche und sagte, morgen gehen wir groß essen, ja. Vielleicht kann dein Freund doch kommen. Sie schlief fest.

Das Kleid passt, sagte meine Mutter. Es muss, sagte ich und hielt die Sicherheitsnadeln bereit. Die Schleppe bauschte sich auf meinem Rücksitz. Ich drehte die Tangomusik im Radio auf. Meine Mutter konnte nicht singen, ihre Stimme war ganz piepsig. Ich tätschelte ihr die Knie. Komm doch, komm doch her, sang ich. Du bist der eine, der eine, den ich will. Am Standesamt standen Faisal und Tarak, sein bester Freund der letzten Wochen. Tarak gab mir nicht die Hand. Er sprach kein Deutsch. Faisal starrte meine Mutter an, und ich scheuchte sie in das Amt hinein. Er drückte ihre Hand, sie strahlte, und es war schnell vorbei. Tarak gab meiner Mutter eine Vase, die sie gleich an mich weiterreichte, denn sie hatte alle Hände voll zu tun mit Faisal. Ich musste wegschauen.

Sie waren sehr glücklich, die beiden. Sie fuhren nach Marokko in die Flitterwochen, auf der Postkarte schrieb meine Mutter: Liebe Rosi, versuch's mit türkischem Honig, aber das ist gar nichts gegen die Leckereien hier! Du kannst mein Kleid haben, ich pass da nie mehr rein! Und von Faisal ein kurzer Gruß und eine Zeichnung. Es war so ein Bausparhaus am Meer und ein kleiner, grinsender Kraftmeier davor. Übernimm dich nicht, schrieb er.

türkischem Honig **klebrige Süßigkeit**

Faisal hatte noch was zu erledigen, die Familie war groß, und es dauerte länger. Meine Mutter kam erst mal allein nach Hause. Sie setzte sich zu mir auf den Balkon. Der Wind blies Sand auf den Campingtisch. Die Körner knirschten zwischen den Zähnen. Meinen Bauch trug ich wie eine Kokosnuss unterm Hemd. Meine Mutter tippte auf das Kind darin. Ich sagte ihr, ja, während deiner Flitterwochen. Den Empfängnistag hatte ich im Kalender etwas nach vorn verschoben. Meine Mutter schwieg. Sie nahm einen Zehnmarkschein und wettete darauf, dass es ein Junge würde. Ich sagte ihr, das würde sie ja sehen.

Nachsaison

Die Nachsaison kam, ohne dass wir es merkten. Die Wolken ziehen schnell am Meer, die Sonne scheint. Die Sandburgen sind zerfallen, die Strandkörbe zugeklappt, bereit zum Abholen. Es war Juli, als wir an die grüne Pfütze zwischen Deutschland und Schweden fuhren. Der Fiat von Klaus fand einen Parkplatz vor der Pension. Dort steht er immer noch. Wir klopfen ihm jeden Morgen, wenn wir aus der Tür treten, auf die Motorhaube. Es klingt hohl. Marie und ich, wir sind allein. Laura musste wieder zur Schule. Klaus kümmert sich um sie, solange Marie weg ist. Marie ist nicht sicher, ob sie sie vermisst. Du musst an dich denken, Marie, sage ich. Denk an dich. Innerlich sage ich: uns.

grüne Pfütze Ostsee

Wir gehen über die Promenade. Immer gehen wir erst über die Promenade. Marie, mit ihren Kinderaugen, mit den Latzhosen und den Murmelzehen. Ich sage Murmeln zu ihren Zehen, weil sie auf ihnen rollt. Es sieht eigenartig aus, wenn sie geht. Sie hat sich Federn ins Haar gesteckt. Schaut aus wie ein wilder Vogel. Gleich wird sie abheben, da bin ich mir sicher. Ich greife nach ihrer Hand, die ich mit meinen Wühltischfingern leicht umfasse. Mit dem Daumen drücke ich gegen den Schlangenring. Er passt ihr nur am Zeigefinger. Landa, landa, singt sie ihren Schritten voraus. Langsam, langsam. Sie spricht von den Fruchtstückchen, die ihre Zunge erschrecken, wenn sie über die Eiskugel gleitet. Sie erzählt, wie ihre Zähne schreien, wenn sie ins Eis beißt. Sie schwindelt, dass sie Luigis Eis immer erkennen würde. Sie macht seine Stimme nach. Sie kichert, lacht und prustet. Ihr Mund wird breiter. Ihre Augen schielen. Der Wind hat die Promenade für uns leer gefegt. Sie steckt einen Finger in den Mund und hält ihn in den Wind.

Sie haucht auf meine Fingerspitzen und hüpft die Promenadenplatten entlang. Ich ärgere sie mit Blicken. Bald findet sie ein besseres Spiel. Sie springt von der Promenade auf die Mauer. Ich kitzele ihre Knöchel, damit sie runterkommt. Sie will nicht. Ich hebe meine Beine neben sie auf die Mauer. Aber da liegt sie schon rückwärts im Sand. Die Körner knirschen zwischen unseren Zähnen. Sie knirscht mit den Augen. Sie spielt zu gerne, um lange nachzudenken. Wir rollen über den Sand und hangeln uns in einen Strandkorb. Die Körbe starren auf das Meer. Wir machen es ihnen nach. Sie schmiegt sich an mich. Die Augen hat sie halb geschlossen, der Wind reizt sie. Vielleicht ist sie nur müde. Ich frage nicht. Wir sitzen lange so da. Sie döst und ich wache. Ich bin ihr Leuchtfeuer. Ich warne alle, die ihr nahe treten wollen. Ich habe einen Blick, der ihnen scharf in die Augen schneidet. Gestern vermisste der Bankkassierer den Ehering an ihrem Finger. Leichtfertig versprach er ihr einen. Mein Blick schnitt ihn. Sie sagte, dass sie keine Diamanten mag. Er zuckte mit den Achseln und gab ihr das Geld. Ich kaufte ihr den Schlangenring. Ich starre auf das Wasser. Die Ostsee ist ein grünes Meer mit Sahnestreifen. Wir haben wieder angefangen, Sahne zu essen. Ich mag ihre Eieruhrfigur. An ihrer Nasenspitze hängt ein Tropfen. Ich tupfe ihn vorsichtig ab. Sie hebt die Lider. Ihr ist kalt. Wir stapfen durch den Sand zurück.

Der Wind ist unser ständiger Begleiter. Bis zur Cafétür folgt er uns. Wir verstecken uns hinter den blau karierten Gardinen und schlürfen einen Grog. Vor uns war hier Tanztee. Sie haben ihre Anleitungen zurückgelassen. »Der Kopf sitzt immer gerade zwischen den Schultern. Der Blick des Herrn fällt durch das Fenster der Dame«, lese ich vor. »Der Blick soll nicht auf den Boden gleiten, sondern stolz und überlegen wirken. Der Hals soll lang wirken.« Marie reckt ihren Hals wie

Grog
heißes Getränk aus Rum, Wasser und Zucker

Vogel Strauß und rollt die Augen. Ich strecke die Hand nach dem Zuckerstreuer aus. Ich drehe ihn unschlüssig hin und her, ich höre den Zucker. Sie hört mein Schweigen. Ich genieße es. Ich will auch nicht mehr alles verstehen, was ich sage und schon gar nicht, was sie sagt. Es ist angenehm, wenn das Reden unwichtig wird. Wir können den Mund öffnen und wieder schließen. Ich sehe das Grau in ihrem dunklen Haar. Sie sieht mich an und wartet. Der Zucker rieselt aus dem Streuer. Auf der Tischdecke wächst ein süßer Berg. Sie haben rote Gummitischdecken hier, an denen der Dreck der letzten Jahre klebt. Sie nimmt den Salzstreuer und schüttet Salz auf meinen Zuckerberg. Ihre Finger sind vorwitziger als meine. Ich lecke gehorsam an ihrem salzigen Finger. Sie grinst. Der Wind reibt an den Mauern. Es ist warm hier. So könnte ich ewig sitzen, mit ihr in der Ecke und einem Zuckerberg vor Augen. Der Kellner tritt an den Tisch. Er schnauzt uns an, weil wir die Tischdecke besudeln. Ich verstehe ihn nicht. Nur die Zahlen auf der Rechnung kann ich lesen. Sie zahlt wie immer, sie hat Geld. Goldmarie. Meine Augen schneiden den Weg frei, ihre sind zum Streicheln da.

Goldmarie
Gestalt aus dem Märchen »Frau Holle«

Sie ist kalt, die Nachsaison. Wir reiben uns Wärme in die Körper. Sie hat die blauen Strümpfe ausgezogen. Ungeduldig zu Boden gezerrt, zum Schluss mit den Beinen gestrampelt, um sie loszuwerden. Das Pensionszimmer hat den stumpfen Geruch von Betten ohne Falten verloren, mit jedem Sprung auf den Matratzenfedern schleudert sie ihren Duft ins Zimmer. Die alten Damen nebenan schlafen schon. Sie steigt vom Bett, wirft ihre Arme um meinen Hals und führt mich auf die Promenade. Sie hat einen blauen Anorak mit Kapuze. Die Kapuze weht ihr in die Stirn, sie sieht nichts. Wir ziehen lange durch die Nacht. Ich erzähle ihr von den Nachtwanderungen mit meinem Vater. Damals an der Steilküste. Wir haben ein Feuer gemacht und geredet. Ich habe nicht geredet. Zumindest ist meine Erinnerung stumm. Jetzt ist sie still, während ich rede. Sie sucht den Strandkorb von heute Nachmittag, zieht mich in die dunkle Höhle. Ihr Knie drückt sich zwischen meine Beine. Ich spüre ihren Atem. Sie nimmt meine Hand und legt sie zwischen ihre Brüste. Ihre Brustwarzen stoppen meine Hand, die über sie hinwegfliegen will. Sie wendet den Kopf ab, als wäre es zu viel. Sie vertraut mir ihren Körper an, verschlingt meinen Mund und gibt ihn wieder frei. Unsere Zungen sind Brausepulver auf der Haut. Irgendwann reißt meine Kette. Die Glasperlen verlieren sich im Sand.

Ich habe immer im Schatten geliebt. Sie in Lichtjahren. Wo ich Dunkel suchte, wollte sie Klarheit. Grashalme im Sommer, den wir hinter uns ließen, als sei er eine Krankheit, die uns nicht gehörte. Meine Erinnerung ist Stückwerk. Sie zerläuft wie zu weiches Spritzgebäck aus der Teigpresse. Ich esse Popcorn, abwechselnd mit Zucker und Salz, während ich an Marie denke. Die Krümel fallen mir aus dem Mund auf den frisch gesaugten Boden. Mich stört es nicht. Sie jetzt auch nicht mehr. Sie ist weg. Hat das Auto genommen und mich am Frühstückstisch sitzen gelassen. Sie muss zu Laura, hat sie gesagt. Und zu Klaus, habe ich gedacht. Es tut ihr Leid, hat sie gesagt, als wäre ich ihr Unfallzeuge. Eis lecken ist doch kein Dauerzustand. Ich esse Popcorn und warte. Ich gehe allein ins Kino und warte. Ich packe meinen Koffer und warte. Ich bezahle meine Rechnung und wünsche mir, dass die Wirtin fragt, warum ich jetzt schon fahre. Aber die Wirtin fragt nicht. Auf dem Weg zum Bahnhof esse ich an der Imbissbude, die die fettigsten Pommes frites hat. Sie schmecken nicht mal salzig. Einmal hat Marie danach Magenkrämpfe bekommen. Altes, ranziges Fett schwimmt im

Pott hinter der Theke. Ich gehe und schmeiße im Laufen die Plastikgabel hinter mich. Soll sie ihr die Augen ausstechen. Was kümmert's mich.

Ich rufe sie an. Sie meldet sich mit ihrem Nachnamen. Das tut weh. Sonst hat sie laut Bismarckhering in den Hörer gebrüllt, um dann leise zu lachen und zu fragen: Hallo? Bist du's? Ich lege auf. Ich habe nicht geschrieben. Ich habe gewartet und gelernt. In meiner Koje stapeln sich die Papiere. Ich stehe nicht mehr auf. Zur Küche führt eine Krümelspur. Prinzenrollen. Ersatzfutter. Meine Tage sind ausgeblieben. Ich bin wohl schwanger von ihr. Wundern würd's mich nicht. Frage mich nur, was dabei herauskommen soll. Ich putze meine Zähne nicht mehr. Am Samstag bin ich ins Bett gegangen und am Donnerstag aufgestanden. In der Küche klingelt die Eieruhr. Ich habe gekocht. Zumindest so getan. Spinat aufgetaut und mir beim Aus-der-Packung-Pulen fast die Hände abgefroren. Die Zunge beim Teetrinken verbrannt. Ich werde aufräumen, waschen und putzen. Fernsehen vielleicht. Viola anrufen. Maries Tassen aus dem Regal schmeißen. Den Zahnarzt wechseln.

Ich gehe mit Viola weg. Es war dumm, sie anzurufen. Sie hat immer noch denselben badischen Dialekt, mag die Filme nicht, in die ich will, erzählt mir stattdessen von ihrer Parteikarriere und den Sorgen mit der Müllabfuhr. Wenigstens hat sie nicht nachgebohrt. Auf eine zwiespältige Art tut es gut, sie neben mir zu wissen, zu wissen, dass sie mich nach Hause fährt und mich an die Hand nimmt. Ich trinke Wasser, sie Bier. Wir klappern mehrere Kneipen ab, sie fährt mich heim und schaut meine Koje an. Machen wir es nun jedes Jahr einmal?, fragt sie mich im Laufe der Nacht. Das ist der erste Satz von ihr, über den ich ernsthaft nachdenken muss.

Ich besuche meine Mutter. Sie fragt nicht, wie es mir geht. Aber einen Zwetschgenkuchen hat sie gebacken, obwohl die Saison vorbei ist. Ich esse keine Sahne dazu. Der Verkäufer im Jeansladen starrt mir in den Ausschnitt. Ich probiere, es zu genießen, wie Marie es getan hätte. Es gelingt mir nicht. Ich gehe in die Praxis. Sie kennen mich da. Es ist immer noch alles weiß. Ich habe Zeit, das Weiß auf seine Qualität hin zu überprüfen. An den Wänden schafft die Raufaser es, geringfügige Grauschatten einzubringen. Auf den Ledersesseln ist es Vanille. Gesichter aus Käse oder Papier. Auf dem Boden Marmorzeichnungen. Ich warte vor dem Röntgenraum. Die Kinderzeichnungen an der Wand sind älter geworden. Laura weiß jetzt, dass Menschen Finger haben. Ob ihr Klaus das beigebracht hat? Ich weiß nichts von ihm, ich will nichts wissen. Ich höre Marie bohren, im Behandlungszimmer. Irgendwann kommt sie heraus. Der weiße Kittel hat einen Fleck, da, wo sie sich immer unter der Rippe kratzt. Sie schaut mir in die Augen und lächelt. Wie geht's? Wie bist du nach Hause gekommen? Ich sage, ich bin geschwommen. Schweigen. Lass uns noch mal reden. Aber nicht hier.

Sie kommt vom Ausgang her. Mit hohem Schritt, die Arme um den Spindelkörper schlagend. Ich bleibe sitzen, während sie sich nähert. Der Geruch von trunkenem Herbst klebt noch an ihren Sohlen. Sie bemüht sich nicht, ihn abzustreifen. Das Laub haftet am Beton. Sie geht schnell, der Rock tollt ihr um die Beine. Ihre Knie stoßen den Saum vorwärts. Über den steilen Schuhen pendeln ihre Hüften. Sie kreiselt durch die Menge. Ich verfange mich in ihren wehenden Haaren. Wer sie übersieht, ist blind. Ich mag ihre kleine, vorspringende Nasenspitze. Sie antwortet nur auf ihre eigenen Fragen. Im Moment hat sie keine. Ich ahne das bittere Lächeln auf meinem Gesicht. Schnell wende ich mich dem Gemüsestand zu, zähle

Äpfel. Sie tritt heran. Wir reden. Ich bin kläglich. Es hat keinen Sinn. Es beschränkt sich darauf, sagt sie. Hat sie den Strandkorb, den Schlangenring, Matratzenfedern, Zucker und Salz vergessen? Und da war noch was, glaube ich. Da war noch was. Ich möchte es dabei belassen, sagt sie. Ich weiß es nicht mehr. Sie muss gehen, ich rennen.

Die Tage sind heller geworden. Es schneit. Das hat es schon seit Jahren nicht mehr. Es bleibt weiß. Ich sage Viola ab und gehe allein spazieren. Der Park ist fast leer, die Kinder mit den Schlitten sind in der Schule. Es gibt nur mich, Wald und Schnee. Die Luft gleitet kühl durch meine Lungen. Meine Nasenspitze friert zwischen Lapplandmütze und Fransenschal. Schlimm sind nur meine Hände. Sie werden starr und wachsweiß. Um mich aufzuwärmen, beschließe ich, eine Schlossbesichtigung mitzumachen. Eine Studentin der Kunstgeschichte führt mich, ein grantiges Paar mit Kind und ein Mädchen mit ausgeprägten Wangenknochen. Das Mädchen sieht aus wie ein Eichhörnchen, wenn es den Erklärungen mit schief gelegtem Kopf lauscht. Das Kind rennt immer wieder vor, und die Führerin ermahnt es. Ich schaue mir hellblaue Vasen, große Betten, Gemälde mit gehetzten Hirschen und ausgeprägte Wangenknochen an. Das Mädchen zückt einen Kunstführer und korrigiert eine Jahreszahl, die die Führerin einfließen ließ. Ich wende mich den Vasen zu. Meine Hände sind noch wachsweiß. Von der Führung habe ich genug. Ich verschwinde in einem Nebenzimmer.

Ich erkläre mich selbst für geheilt. Doch Marie lässt mir keine Ruhe. Hast du Lust, ins Kino zu gehen?, fragt sie mit belangloser Stimme am Telefon. Ja, Lust habe ich. Mit Händen, die nicht wissen, wohin sie sollen, sitzen wir im Dunkel des Kinos. Sie hat eine abgetragene Bluse an, die ihr nicht steht. Die

Hornplatten im Haar erinnern mich an Schildkröten, die am Strand ihre Eier eingraben. Sie werden uralt, wenn sie kein Jäger erwischt. Einen komischen Film hat sie da ausgesucht. Ich lege meinen Arm neben ihren. Unterarm an Unterarm. Die Schauspieler vor uns lieben, hassen, schlagen und verfolgen sich. Ihr Arm spreizt sanft die Haare an meinem. Ich ersticke fast. Sie neigt die Locken und flüstert in mein Ohr: Kannst du Marmor lesen? Wir stolpern aus den Sesselreihen.

Das Licht bleibt aus. Wir setzen uns auf den Marmorboden in der Praxis. Die Straßenlaternen winken durch die Fenster. Es stürmt. Es gibt nur sie und mich, die unter Zahnarztstühlen sitzen. Der fahle Schein auf ihrem Gesicht malt ihr Heiligenzüge. Sie hat die Augen geschlossen. Das Licht der wankenden Laternen blitzt im Metall der Instrumente. Ich höre das Sausen des Windes. Ich lausche dem Lied. Sie schlägt die Augen auf, wühlt die Hände in ihr Haar. Sie will etwas sagen, denke ich. Dass sie Zeit brauchen wird. Meine Augen tasten nach ihren. Ich lege die Hand auf ihre Stirn. Sie schließt die Augen und atmet in den Bauch. Meine Hände wandern über ihr Gesicht. Sie finden alles, knicken ihre Wimpern, sodass die Tusche verwischt, fahren über den Bogen ihrer Augenbrauen. Sie rührt sich nicht. Ich habe Angst, dass meine Lippen zu spröde sind. Sie öffnet den Mund nicht. Der Wind stürmt. Sie riecht wie ein Kuchenteig, nach Vanille und reiner Butter. Der Marmor wird feucht unter unserer Haut. Die Fenster beschlagen.

Auf dem Eisernen Steg

Ich kannte mal einen, der saß auf dem Eisernen Steg und steckte seine Hand in Eddas Armeeparka. Frank hieß er. Die Brücke schwankte, als er dort mit Edda hockte. Die beiden schwankten mit. Am Rande des Tausendfüßlers, der über den Eisernen Steg zog, saßen sie und steckten die Finger zusammen. Der Main unter ihnen hatte die Farbe von gefrorener Entengrütze. Unter den Platanen schrien die Händler: Ein' Mack Stück! Ein' Mack Stück! Kleider und Schuhe lagen in wilden Haufen vor ihnen. Die Leute versuchten Beute zu machen. Sie zerrten an jedem Ärmel, Kragen, Schal und Schnürsenkel, den sie entdeckten, schauten kurz auf die Sachen und schmissen alles wieder oben auf den Berg. Über den Eisernen Steg kamen neue Kunden aus der Stadt.

Frank und Edda zählten die vorbeilaufenden Schuhe auf der Brücke. Edda die glänzenden mit Schnallen und Schnüren, die halbhohen mit Absatz. Stiefel, wenn sie aus Leder waren. Frank zählte Slipper, Pumps und Turnschuhe. Was ist mit Clogs?, fragte Edda. Wer zählt die? Frank entschied, Clogs seien Joker, und wer sie zuerst sehe, müsse laut schreien. Er ging bald in Führung, weil Edda nie entscheiden konnte, ob die Schuhe halbhoch, aus Kunststoff oder aus Leder waren. Sie starrte zu lange auf den Main und drückte Franks Hand an ihren Körper. Er hätte gern die Hand frei gehabt. Er wollte sich Notizen darauf machen. Doch er ließ sie Edda. Einer kam vorbei, den kannten sie. Seine Schuhe waren dreckig. Er sagte, die Marktstände schließen um zwei, da gibt's sicher das ein oder andere Brötchen. Die beiden am Boden nickten. Die Uhr am anderen Flussufer zeigte kurz vor zwei. Sie blieben sitzen. Es war noch zu warm für den Armeeparka und die drei Pullis übereinander. Wegen der Sonne blieben Stiefel und halb-

Eisernen Steg Fußgängerbrücke in Frankfurt am Main

Armeeparka gefütterter Anorak für Soldaten

Platanen hoch wachsende Laubbäume mit großen, lappigen Blättern

Ein' Mack Stück eine deutsche Mark

Slipper leichter Schuh ohne Schnürsenkel

Pumps elegante Damenschuhe mit Absatz

Clogs Holzpantoletten mit harter Lederkappe

Joker besondere Spielkarte, die jede andere ersetzen kann

hohe Schuhe zu Hause. Edda war das egal. Sie zählte einfach zehnmal ihre eigenen Stiefel mit und holte auf. Als Frank einmal musste, gingen sie zum Ufer. Er suchte sich einen Baum, während Edda die Einkaufstüten bewachte. Auf dem Boden lagen Kastanien. Sie fühlten sich gut an. Zwischen rissigem Daumen und roten Fingern drehte Edda Kastanien, bis Frank zurückkam. Er fasste ihr hinter die Ohren, flüsterte in die gelben Haare, du bist wunderschön.

Am Kiosk neben der Brücke kauften sie zwei Dosen Bier. Zusammen saßen sie wieder auf der Brücke. Sie wanderten mit der Sonne. Zwischen Wasser und Himmel glänzte Franks Nase, die immer wie poliert war. Er hatte eine scharf geschnittene Nase, ohne Buckel. Fast wie eine Pyramide, dachte Edda und vergaß wieder, Schuhe zu zählen. Frank nicht, der war gewissenhaft. Vor Jahren lernte er die Telefonnummern seiner Freunde auswendig, um sie jederzeit anrufen zu können. Da Frank niemanden beleidigen wollte, lernte er alle Nummern. Er merkte sich die Nummer seiner Bäckersfrau, die der Kollegin aus der untersten Etage, die ihm mal ein Wurstbrot mitgebracht hatte, die des Jungen, der sein Rad auf Franks Auto hatte fallen lassen, die Nummer der Familie, an deren Tisch er im Teneriffa-Urlaub vor drei Jahren gesessen hatte. Die Nummer der Telefonauskunft konnte er sich nicht merken. Eines Tages wachte Frank auf und war nur noch damit beschäftigt, sich aller Telefonnummern zu vergewissern. Da ging er zur Post und kündigte seinen Anschluss. Genau wie Telefonnummern stapelte Frank jetzt Schuhe in seinem Kopf. Slipper, Pumps und Turnschuhe, Slipper, Pumps und Turnschuhe. Er hatte es nicht verlernt. Rote, braune, schwarze. Mit Streifen, Mustern, ohne Lack, mit Klettverschluss, zum Schlüpfen. Hottentotten-Boots, links gelatschte, rechts gelatschte, orthopädische Schlappen, einer ging barfuß.

Hottentotten-Boots
einfache Stiefel
orthopädische Schlappen
Gesundheitssandalen

Den buhte Frank aus. Manchmal sah er zweimal das gleiche Paar. Er überlegte, eine Paschregelung einzuführen. Eine, die ihn bevorteilte, Edda fiel das nicht auf. Sie träumte. Früher, als sie im Kassenhäuschen des Parkplatzes hockte, hatte sie den Autos Menschen zugeordnet. Dabei konnte man nicht schummeln. Der Mercedes passte zu dem schlanken Herrn mit Pilotenbrille, das Motorrad zu dem Altrocker mit Gummistiefeln. Sie hatte sich Geschichten ausgedacht, die diese Menschen unterwegs auf den Straßen erleben könnten. Wilde Tramperinnen, die ihnen die Köpfe abrissen oder sie ausraubten. Der Mann mit der Pilotenbrille bot ihnen im letzten Augenblick seine Kreditkarte samt Geheimnummer an, aber die wollten die Tramperinnen nicht. Sie sagten Sachen wie: Für die Ehre Randolfs. Nimm das, du Hund! Und stießen die Männer in den Straßengraben. Manchmal raubten sie auch die Kinder von den Rücksitzen und brachten sie zu fernen Indianerstämmen. Edda liebte Indianer. Sie selbst hatte keinen Führerschein, fuhr nicht schwarz, trampte nie. Frank erledigte das für sie. Er ging zu den Ämtern und Behörden. Sie holte ihm dafür das Essen.

Paschregelung
Pasch: Wurf mit gleicher Augenzahl

Edda saß da und wartete auf den Joker, die Clogs. Sie hatte es fast vergessen. Der Menschenstrom auf dem Eisernen Steg begann sich umzudrehen. Die Leute vom Flohmarkt gingen heim. Sie trugen ihre Beute in Supermarkttüten. Einer hatte ein Ölfass gekauft, ein dreckiges, das rollte er heim und freute sich wie ein König. Edda starrte durch die vorbeilaufenden Beine auf den Fluss, als das Mädchen kam. Es war ungefähr fünf Jahre alt, und seine Haare waren gelb. Edda blickte dem Mädchen nach. Die Kleine drehte sich um und zeigte ihr eine lange Nase, verdrehte die Augen. Frank spürte Eddas Hand in seiner zucken. Edda stand auf, packte das Kind am Ärmel und schrie. Sie hat den Joker gefunden, dachte Frank noch.

Aber das Mädchen trug gar keine Clogs. Es hatte nur gelbe Haare. Edda stand in der Herbstsonne, hielt das Kind am Ärmel fest und schloss den Mund. Die Menschen liefen einen Bogen um sie herum. Das Mädchen wollte etwas sagen, riss sich aber los und lief davon. Edda klappte zusammen, fiel mitten auf die Brücke. Frank vergaß die Schuhe. Er ging zu ihr und zog sie hoch. Was war denn das?, fragte er. Sie hatte meine Haare, sagte Edda. Frank nickte. Aber jetzt ist sie weg. Edda seufzte. Du hast gewonnen. Halt mich. Sie verbarg ihr Gesicht an seiner Schulter. Wir können Hunde zählen gehen, schlug Frank vor. Edda war misstrauisch. Mit oder ohne Leine? Frank grinste. Die Menschen eilten immer schneller und mit festen Tritten. Als Frank und Edda den Eisernen Steg verließen, schwankte der Boden immer noch.

Materialien

Biografie

Nadja Einzmann wurde 1974 in Malsch bei Karlsruhe geboren. Sie wuchs in Gernsbach auf und machte 1993 am dortigen Gymnasium ihr Abitur. Danach studierte sie Germanistik und Kunstgeschichte an der Johann-Wolfgang-Goethe-Universität in Frankfurt am Main. Zunächst schrieb sie Gedichte (Sonette, Balladen), die in Literaturzeitschriften und Anthologien veröffentlicht wurden.

Später verfasste sie Erzählungen, auf die der Fischer Verlag aufmerksam wurde. Dieser Verlag publizierte auch ihr erstes Buch (»Da kann ich nicht nein sagen«). Zweimal, 1998 und 2000, wurde sie Preisträgerin des jungen Literaturforums Hessen-Thüringen. Im Jahr 1999 war sie Stipendiatin im Herrenhaus Edenkoben, zwei Jahre später im einstigen Schloss des Romantikerehepaars Bettina und Achim von Arnim in Wiepersdorf bei Berlin. Sie lebt gegenwärtig als freie Autorin in Frankfurt am Main.

Judith Hermann wurde 1970 in Berlin geboren. Nach dem Abitur studierte sie Germanistik und Philosophie an der Freien Universität Berlin. Nach anderthalb Jahren brach sie ihr Studium ab und studierte anschließend das Fach Klavier an der Berliner Hochschule der Künste. Auch dieses Studium beendete sie vorzeitig ohne Abschluss. Ihre nächste Ausbildungsstation war die Journalistenschule in Berlin. Im Rahmen dieser Ausbildung volontierte sie ein halbes Jahr in New York bei der jüdischen Wochenzeitung »Aufbau«. Nach dem Abschluss des Studiums arbeitete sie als freie Journalistin beim Radio, spezialisierte sich hier auf die Produktion von Rundfunk-Features. 1997 war sie Stipendiatin am Literarischen Kolloquium Berlin. Ihr erstes Buch, der Erzählungsband »Sommerhaus, später«, erschien 1998 und war ein außerordentlicher literarischer Erfolg. Dafür erhielt sie den Bremer Literatur-Förderpreis (1998), den Hugo-Ball-Förderpreis (1999) und den Kleist-Preis (2001). Mittlerweile hat sie einen zweiten Erzählungsband »Nichts als Gespenster« (2003) veröffentlicht. Sie lebt gegenwärtig als freie Autorin in Berlin.

M

Maike Wetzel wurde 1974 in Groß-Gerau geboren. Nach dem Abitur studierte sie an der Hochschule für Fernsehen und Film in München in der Abteilung Dokumentarfilm und Fernsehpublizistik. Dieses schloss sie 2002 ab. Seit 1990 schreibt sie Kurzgeschichten und Erzählungen für Anthologien und Literaturzeitschriften. Während ihres Studiums verfasste sie Drehbücher für Reportagen, Kurzfilme und Dokumentarfilme. Für ihre Erzählungen wurde sie mehrfach bei Literaturwettbewerben ausgezeichnet; u. a. erhielt sie mehrere Stipendien sowie den Bettina-von-Arnim-Preis, den Allegra-Preis (2000) und den Förderpreis für Literatur des Freistaats Bayern (2000). Maike Wetzel lebt und arbeitet als freie Autorin und Journalistin in Berlin und München. Sie schreibt u. a. Artikel für die »Frankfurter Allgemeine Zeitung« und »Die Zeit«. Nach »Hochzeiten«, ihrem ersten Prosaband, publizierte sie 2003 den Erzählungsband »Lange Tage«.

Fragen an die Autorinnen

Was bedeutet für Sie Frauenliteratur? Schreiben Frauen anders?

Nadja Einzmann Der Ausdruck »Frauenliteratur« gefällt mir nicht so gut. Wir sagen ja auch nicht »Männerliteratur«. Literatur, meine ich, sollte genügen.

Allerdings glaube ich schon, dass es Schreibanlässe, Formulierungen, literarische Herangehensweisen gibt, die bei männlichen und weiblichen Autoren unterschiedlich häufig verbreitet sind. Solange es Unterschiede zwischen den Geschlechtern gibt, Unterschiede in der Erziehung und also auch in der Lebenswirklichkeit, und männliche und weibliche Rollen, wird sich das auch in Literatur niederschlagen.

Judith Hermann Ich kann mich daran erinnern, dass ich einmal in einer Buchhandlung nach einem Roman von Siri Hustvedt suchte und entsetzt darüber war, sie in dem Regal mit der Bezeichnung »Frauenliteratur« vorzufinden – bis heute macht dieser Begriff, abgesehen von seiner banalsten Bedeutung – Literatur von Frauen eben (oder für Frauen? Ich bin mir gar nicht sicher) – für mich keinen Sinn und zugegebenermaßen habe ich zusätzlich aufgegeben, mich darüber zu entsetzen oder gar darüber nachdenken zu wollen. Gibt es Frauenkunst? Frauenmusik? Frauentheater? Es gibt Literatur von Männern und von Frauen und alle schreiben unterschiedlich oder alle schreiben gleich, sie schreiben eben, und das heißt: sie nähern sich der Welt durch die Sprache, und in dem Trost und der Ausweglosigkeit dieser Annäherung sind sie sich gleich, sind sie – wie der Leser auch – geschlechtslos, absolut.

Siri Hustvedt amerikanische Romanautorin (geb. 1955)

Maike Wetzel Das Geschlecht eines Menschen – als vordergründig, scheinbar leicht festzulegendes Merkmal – wird oft für generalisierende Urteile benutzt. So ist es auch in der Li-

generalisierende verallgemeinernde

teratur. Ob als Name des Autors »Maike« oder »Mike« angegeben wird, macht einen Riesenunterschied – in der Wahrnehmung. Selbst eine Geschichte über Menstruation ist, falls es ein guter Text ist, keine »Frauenliteratur« in dem Sinne, dass sie eine allein Frauen zugängliche Erfahrung schildert. Vorgefasste Ideen über »weibliches« oder männliches« Schreiben verschleiern den Blick und befördern jahrhundertealte Vorurteile.

Mit welchen Themen sollte sich Ihrer Auffassung nach Literatur auseinander setzen?

Maike Wetzel Mit allen. Was nicht heißt, dass ich jeden Text über jedes Thema lesen würde.

Nadja Einzmann So weit gefasst, kann ich das nicht beantworten. Ich habe mich schon zu oft dabei ertappt, wie ich mir eine Literatur zurechtgedacht hatte, die mir so und nur so gut, wichtig und richtig schien, und habe bald darauf irgendeinen Text gelesen, auf den all das nicht zutraf, der ganz anders war und dennoch wunderbar und auch sehr richtig. Das folgende ist also mit Vorbehalten zu lesen: Ich glaube schon, dass Literatur sich mit (momentaner) Wirklichkeit befassen sollte, die Sprache finden sollte also für etwas, für das es bisher noch keine Sprache und Form gab, eine Aufmerksamkeitsverschiebung betreiben also, allerdings nur in sehr kleinen Schritten, denn ich glaube, mehr und zu viel Neues ist nicht zu ertragen. Etwas in dieser Art interessiert mich im Augenblick sehr. Nicht also von »unerhörten Begebenheiten« berichten, nur weil eine Erzählung so etwas braucht, einen Mord etwa oder irgendeine Verwicklung, Mord und Verwicklungen sind ja nun nicht sehr neu, sondern so etwas wie Spannung erzeugen dadurch, dass etwas bemerkt wird oder neu beleuchtet, das vorher der Aufmerksamkeit entgangen ist.

Judith Hermann Die Literatur sollte sich überhaupt nicht mit einem Thema auseinander setzen, sie sollte zu dem kleinen Kern vordringen, den sich ihr Autor gesetzt hat – die Liebe, der Verlust, der Krieg oder der Frieden, die Mathematik, ein Apfel, der Morgen, ein Stück Musik, der Ansatz eines Gedankens, eine Stimmung, eine Ahnung – sie sollte versuchen, sich diesem kleinen Kern in aller Genauigkeit und Fürsorge und Konzentration zu widmen, mehr nicht, sie soll sich nicht mit einem Thema auseinander setzen, schon allein diese Formulierung – »sich mit einem Thema auseinander setzen« – klingt eigentlich so, als wäre sie der Literatur ganz entgegengesetzt.

Welche Erinnerungen haben Sie an Ihren Deutschunterricht?
Judith Hermann Gute Erinnerungen. Fast ausschließlich gute Erinnerungen. Ich hatte das Glück, Deutschlehrer zu haben, die in der Lage waren, mehr als nur einen Funken ihrer Begeisterung für die Literatur auf die Schüler zu übertragen – der Begeisterung meiner Deutschlehrer verdanke ich die ersten Erweckungserlebnisse des Lesens: »Das Herz ist ein einsamer Jäger« von Carson McCullers, »Tonio Kröger« von Thomas Mann, Gedichte von Benn, Else Lasker-Schüler, Erzählungen von Marie Luise Kaschnitz … Ich hatte das Glück, Lehrer zu haben, die zugunsten der Kreativität und Gedankenfreiheit ihrer Schüler manchmal verzichtet haben – auf Einleitung, Durchführung, Schluss, Grammatik, Rechtschreibung; wenn es stattdessen den Ansatz eines eigenen Gedankens, eine Liebe zum Text, ein liebevolles Missverstehen des Textes gegeben hat, wurde das erkannt und gewürdigt.
Maike Wetzel Unterschiedliche, abhängig vom jeweiligen Lehrer/in und seiner/ihrer Begeisterung für Sprache und Literatur oder aber auch gesellschaftliche Themen. Deutschklausuren waren jedenfalls nicht unbedingt mein Fall. Ich

Carson McCullers amerikanische Romanautorin (1917–1967)
»Tonio Kröger« berühmte Novelle von Thomas Mann (1875–1955)
Gottfried Benn Schriftsteller und Arzt (1886–1956)
Else Lasker-Schüler deutsche Lyrikerin (1869–1945)
Marie Luise Kaschnitz deutsche Schriftstellerin (1901–1974)

M

empfand sie als stupides Abhaken eines Interpretationskataloges.

Nadja Einzmann Obwohl ich bis auf eine Ausnahme sehr engagierte und literaturinteressierte Lehrer hatte, hat der Deutschunterricht bei mir nicht dazu geführt, auch zu Hause auf eine andere, aktivere Art zu lesen, wie sie mir jetzt sehr wichtig ist: die Muskeln eines Textes spüren, auf das Augenzwinkern eines Textes achten... das kann ja sehr schön sein. Damals wollte ich mich lesend vor allem in andere Welten begeben. Weder war mir Sprache wichtig, noch die literarische Form, in der das alles erzählt war. Warum? Vermutlich, weil im Rahmen des Schulunterrichts ich doch immer das Gefühl hatte, dass all diese Texte in den Schulbüchern nur dazu da sind, um mich zu erziehen und zu belehren von einer höheren Warte aus, dass all diese Texte in einem moralischen Sinne gut sein wollen und eben nicht auch kokett, verspielt oder berauschend sind. Und das hat mich damals sehr störrisch gemacht.

Schülerinnen und Schüler fragen gelegentlich danach, wie man Autorin/Autor wird. Welche Ratschläge würden Sie ihnen geben?

Maike Wetzel Schreiben, schreiben, schreiben. Mit Lust, mit Frust, mit allem, was einen treibt. Und: lesen. Das Literaturinstitut in Leipzig bietet ein Studium zum Schriftsteller an, doch das ist sicher nicht der einzige und auch nicht für jeden der richtige Weg. Ausprobieren! Auch das ist Schreiben, Ausprobieren. Oder, um einen oft bemühten Satz zu zitieren: »Schreiben heißt sitzen bleiben«.

Judith Hermann Das ist eine eigentlich – glaube ich – nicht zu beantwortende Frage. Mir selber wurde einmal der Ratschlag gegeben, für das Schreiben nichts aufzugeben und den ursprünglich erlernten Beruf, den Alltag, die Realität, auch die

Realität des Geldverdienenmüssens, der sozialen Struktur, nicht aus den Augen zu verlieren. Das »Schreiben im Elfenbeinturm« ist nicht wirklich möglich – es ist möglich in den kurzen Momenten, in denen man in einem Text ist, entfernt von der Welt und gänzlich mit sich alleine und im besten Falle dabei glücklich – es ist aber unmöglich, diesen Zustand auf ein ganzes Leben zu übertragen. Ich vermute, es ist ganz im Gegenteil sehr wichtig, den Kontakt mit der Wirklichkeit – mit all dem, was an ihr unliterarisch, unprosaisch, unschön ist – nicht abzubrechen, die Wirklichkeit ist das, worüber man schreibt, nichts anderes, bei aller Fantasie. Und was noch. Neugierde, Zurückhaltung, die Fähigkeit zuzuhören, das psychologische Interesse für Menschen, für ihr Glück und für ihr Scheitern, all das ist wichtig, aber das ist kein Ratschlag, ich weiß, ich kann wohl keinen Ratschlag geben.

Nadja Einzmann Sehr viel lesen, auch konzentriert und bewusst lesen. Bemerken, wie ungeheuer viel schon gesagt und gut gesagt worden ist. Sich vorsichtig heranschreiben an das, was man dennoch gerne sagen, schreiben möchte.

M

Arbeitsanregungen

1. Betrachten Sie eines der Fotos der Autorinnen genauer. Beschreiben Sie es. Wie deuten Sie den Gesichtsausdruck?

2. Welche Gemeinsamkeiten erkennen Sie in den Kurzbiografien von Nadja Einzmann, Judith Hermann und Maike Wetzel?

3. Vergleichen Sie die Aussagen der Autorinnen zu der Frage »Was bedeutet für Sie Frauenliteratur?« Wie ist Ihre persönliche Meinung dazu?

4. Erläutern Sie jeweils die Antworten der Autorinnen auf die Frage, mit welchen Themen sich die Literatur beschäftigen solle.

5. Judith Hermann behauptet, dass die Literatur sich nicht mit einem Thema auseinander setze, weil dies der Literatur widerspreche. Was meint sie damit? Dagegen spricht sie von einem thematischen Kern, zu dem der Autor vordringen solle, wie z. B. Liebe, Verlust etc. Wählen Sie eines ihrer Stichworte aus und schreiben Sie dazu einen Text.

6. Welche Erinnerungen haben die Autorinnen an ihren Deutschunterricht? Stimmen sie mit Ihren Erfahrungen überein?

7. Eine fiktive Gesprächssituation: Stellen Sie sich vor, die drei Autorinnen seien vom Radio/Fernsehen zu einem Gespräch über ihr Schreiben und ihre Texte eingeladen. Sie sind der Moderator der Sendung. Stellen Sie zunächst kurz die Autorinnen vor. Welche Fragen stellen Sie ihnen?

Wiebke Eden

Judith Hermann: »Eine Geschichte nimmt mich an die Hand« — 2001

Eigentlich kam der Ruhm zu schnell, sagt sie. Ein gutes Jahr vor der Veröffentlichung von »Sommerhaus, später« hatte sie noch nicht einmal gewusst, dass sich in ihr schriftstellerisches Talent räkelte. Sie ist keine derjenigen, die immer schon geschrieben haben. Sie fing mit 26 an. Da war sie Schülerin an der Berliner Journalistenschule und wollte Reporterin werden. Geschichten von Menschen wollte sie erzählen, Porträts verfassen, Reportagen. Sie saß im Unterricht von Egon-Erwin-Kisch-Preisträger Alexander Osang. Der hatte vor seinem Büro in der »Berliner Zeitung« ein Schild hängen: »Alexander Osang – Reporter«. Sie träumte: »Judith Hermann – Reporterin«. Alexander Osang würde sie entdecken. Sie bekam eine Hausaufgabe: das Porträt eines ehemaligen DDR-Offiziers, der auf einem alten Russenarmeehof in der Uckermark eine Flugschule betrieb. Judith Hermann schrieb und war sich ihrer »Sache sicher«. Alexander Osang fing mit der besten Reportage an und hörte mit der schlechtesten auf. […] »Ich hatte die schlechteste Reportage geschrieben«, Judith Hermann grinst, »Oh Mann«, schüttelt den Kopf, grinst wieder. Die schlechteste Reportage. Sie habe sich nicht entscheiden können zwischen Reportage und Erzählung, kritisierte Koryphäe Osang. Die Geschichte sei an der Person vorbei erzählt. Die Letztplatzierte ging nach Hause, niedergeschmettert. Aus. […] Sie beendete die Schule und ging nach New

Egon Erwin Kisch
➔ Seite 144

Koryphäe
hervorragender Fachmann

Volontariat Ausbildungszeit

York. Drei Monate Volontariat an einer kleinen deutschsprachigen Zeitung. [...]

In New York litt sie an Heimweh. Sie schrieb viele Briefe nach Hause, an die Familie, an Freunde, und erzählte ihnen aus dem Schmelztiegel der Menschen dieser Welt. Geschichten entstanden, durch die sie die Stadt für sich und die anderen zu greifen suchte, Geschichten, durch die sie Kummer und Alleinsein bewältigte und sich schreibend selbst Gesellschaft leistete. [...] »Ich denke, ich habe in New York angefangen zu schreiben, erzählerisch zu schreiben und mich von journalistischen Vorgaben zu lösen«, sagt Judith Hermann. Als sie nach einem halben Jahr nach Berlin zurückkehrte, merkte sie, »dass das Erzählen ein Bedürfnis ist, mit Wirklichkeit umzugehen, Dinge zu halten, indem man sie aufschreibt und ordnet«. Sie bewarb sich um ein Schreibstipendium. Sie bekam es. An einem verschneiten Januartag im Jahr 1997 fuhr ihre Freundin sie nach Wewelsfleth, einem beschaulichen Dorf an der Elbe [...]. In Wewelsfleth schrieb sie »Sommerhaus, später«. Geschichten von narrativer Nüchternheit, dichte Geschichten, die durch die Sprache leicht wiegen und doch gleich einem Stiefelabdruck im Schnee prägnante Spuren zurücklassen [...]. Die Bilder, die Judith Hermann schreibend beschwört, »haben mit Erinnern zu tun«. »Ich schreibe auf bestimmte Art autobiografisch«, erklärt sie, »natürlich nicht 1:1, aber im Kern. Meine Geschichten sind eng mit dem, was ich sehe und erlebe, verbunden.« Im Alltag gefrieren Szenen zu einem Bild, »bei dem ich das Gefühl habe, dass darin eine Geschichte stecken könnte«. Immer mehr Bilder kommen dazu, »bis ich den Faden ziehen und entwirren kann«. Manche Bilder verselbstständigen sich beim Aufschreiben, »dann nimmt mich die Geschichte an die Hand und führt mich zu einem überraschenden Ende.«

Wiebke Eden

Maike Wetzel: »Wenn der Knoten platzt, wird Schreiben toll« 2001

M

Rote Rosenblüten schmücken das Cover von Maike Wetzels Erzählband »Hochzeiten«. Romantisch, ein Kontrastbild zum rigorosen Purismus ihrer Sprache. Sie habe immer schon sehr kurz geschrieben, teilt Maike Wetzel mit. Kurz, um selbst klar sehen zu können: »Ich kann auf dem Papier viel besser sagen, was ich denke oder fühle. Schreiben ist mein bestes Ausdrucksmittel.« […]

rigorosen Purismus **konsequenten Streben nach Sprachreinheit**

Eigentlich hatte Maike Wetzel immer schreiben wollen, beruflich schreiben: »Aber ich war mir nicht sicher«, sie räuspert sich, »ob ich das kann.« Verfluchte Unsicherheit, die zaghaft macht und den Blick verstellt. Maike »machte Geschichten«, seitdem sie in der Schule lesen lernte. Kleine Märchen, nicht großartig erwähnenswert in ihren Augen. Richtig angefangen zu schreiben hat sie mit fünfzehn, sechzehn, in einem Alter, in dem Mädchen und Jungen sich orientierungslos fühlen, sich hinter kraftstrotzenden Vokabeln verschanzen, weil so viel Neues passiert, das sich so schwer in Worte fassen lässt. Auch Maike suchte nach Worten. Doch war sie viel zu schüchtern, als dass sie sich lautstark Gehör verschafft hätte. Sie zog sich auf das Papier zurück, es umschloss ihren eigenen, ganz privaten Raum, in dem sie nichts zu befürchten hatte, durch den sie sich abgrenzen konnte. Sie schrieb nicht sehr viel, aber sehr ernsthaft. Sie feilte an Sätzen, strich und kürzte. […] Maike Wetzel mag klare, metaphorische Bilder, beim Schreiben wie beim Filmen. […]

Als einen »bunten, komischen, skurrilen, warmherzigen Film« beschreibt sie »Hochzeiten«, die Verfilmung der Titelgeschichte ihres Buches. Sie hat den Streifen – der letzte vor dem großen Examensfilm – erst kurz vor unserem Interview

skurrilen **eigenwilligen, sonderbaren**

abgedreht und ist in diesen Tagen dabei, ihn zu schneiden. […]

Wie unterschiedlich Filmen und Schreiben sind, spürte Maike Wetzel gerade beim Verfilmen der eigenen Erzählung. Filme zu machen bedeutet, mit anderen zusammenzuarbeiten, auf andere angewiesen zu sein, auf das Kamerateam, die Interviewpartner, die Techniker danach. Ihre Kompetenzen und Launen beeinflussen vieles. Filme zu machen bedeutet, mit Außenperspektiven zu arbeiten. Zu schreiben bedeutet, sich in die Isolation zurückzuziehen, auf niemanden, nur auf sich angewiesen zu sein. Zu schreiben bedeutet, mit Innenperspektiven zu arbeiten. Die Gleise zweigen sich, Filmen hier, Schreiben dort – oder umgekehrt: Filmen dort, Schreiben hier. Das eine liegt ihr näher als das andere.

introvertierte **nach innen gewandte**

Die Sehnsucht nach stiller Unabhängigkeit führt die introvertierte Frau immer wieder an den Schreibtisch. Dort sitzt sie dann, bei Brotcrackern, Keksen und Chips, einen Tag lang, zwei oder drei Tage lang, manchmal fluchend, weil ihr keine Geschichte einfällt und das Papier sie weiß und unverhohlen anstarrt. »Irgendwann aber platzt der Knoten. Dann wird Schreiben toll: wenn es richtig fließt.« Die Situation selbst muss sie dazu bringen, die Stunden am Schreibtisch müssen es, denn Maike Wetzel verwahrt keine Geschichten, keine Ideen im Hirn, erst auf dem Papier entstehen sie und nehmen sie mit auf eine Reise, deren Ende sie selbst nicht kennt. Manchmal geht Schreiben schnell. An der Erzählung »Hochzeiten« hat sie zwei Tage geschrieben. Sie bekam ein Auto dafür, einen kleinen Lancia, der als erster Preis zum Literaturwettbewerb der Zeitschrift »Allegra« ausgelobt worden war.

Arbeitsanregungen

1. Anlässlich einer Autorinnenlesung äußerte sich Nadja Einzmann zu ihrem Selbstverständnis als Autorin mit den Worten: »Wer da sitzt und schreibt, ist niemandem verantwortlich.« Wie verstehen Sie diese Aussage? Stimmen Sie ihr zu?

2. Wiebke Eden schildert in ihrem Artikel, wie Maike Wetzel mit fünfzehn, sechzehn Jahren zu schreiben angefangen hat (S. 101 f.). Haben Sie selbst Schreiberfahrungen außerhalb der Schule gemacht? Wenn ja, vergleichen Sie diese mit den Aussagen Maike Wetzels.

3. Alexander Osang, Dozent an der Berliner Journalistenschule, beurteilte eine von Judith Hermann abgegebene Hausaufgabe, in der sie das Porträt eines ehemaligen DDR-Offiziers zeichnen sollte, als sehr schlecht, weil sie sich nicht zwischen einer Reportage und einer Erzählung habe entscheiden können. Machen Sie einem in der Gattungspoetik/-geschichte nicht bewanderten Leser klar, was Osang damit ausdrücken wollte.

4. Stellen Sie in einer Reportage Nadja Einzmann, Judith Hermann und Maike Wetzel als Vertreterinnen einer neuen Generation von Autorinnen vor.

5. In dem Text »Eine Geschichte nimmt mich an die Hand« (S. 99 f.) charakterisiert Judith Hermann die Schreibprozesse, die zur Entstehung ihrer Erzählungen in »Sommerhaus, später« geführt haben. Erläutern Sie ihre Aussagen. Auf welchen Text könnte man diese beziehen?

Verstehen und Deuten

Lebensräume

Impressionen in Bildern

M

Günter Kunert

Termitenbau

1974

Wie viele Leute wohnen mit kurzfristigen Gästen in dem Apartment House Nummer 315 in der 86. Straße? Tausend? Zweitausend? Und was heißt hier überhaupt noch Haus?

Eine babylonische Angelegenheit außen mit weißen Kacheln verkleidet, Eindruck auch äußerer Sterilität, die Außenwelt der Innenwelt, so zeigt es sich. Vorgezogenes Dach überm Eingang, Regenschutz für die aus dem Wagen Steigenden, hinein in die Drehtür, bewacht von zwei Zerberussen, (was keine ethnische Anspielung enthält) mit Blumenkohlohren und lädierten Nasenbeinen, Kennzeichen einstiger Profession, in schokoladenfarbenen, goldbetressten Portiersuniformen: je nach Laune oder dem Grad der Bekanntschaft greifen ihre Pranken samariterisch zu und entdrehen den Eintretenden dem vertikalen Zylinder. »Zu wem wollen Sie?«, wird jeder gefragt, denn im Rücken der Empfangsherren besagt ein Schild: Every Visitor must be announced!

Wer keinen Namen zu nennen weiß, kommt nicht durch. Wir wissen einen. One Moment, please! Während der eine wachsam den Besucher beobachtet, bereit, ihm mittels muskulärer Aktionen den Eintritt zu verwehren, telefoniert der andere mit höheren Regionen.

»Sie werden erwartet. Elfter Stock. Apartment XY.« Der uns Erwartende hat für uns gutgesagt: darum werden wir nicht hinausgeworfen, was gewiss geschähe, hätte uns (ohne Hahnenschrei und biblisches Motiv) unser Gastgeber in spe verleugnet. Nun hilft man uns sogar die Koffer zum Lift schleppen. Nun passieren wir auf diesem Wege durch eine bahnhofsähnliche Halle einen Nebenraum, voll von den Briefkästen der hierorts hausenden Termiten: zwei Postler, deren Lastwagen draußen parkt, sind von morgens bis mittags

Termiten tropische Ameisen, die meterhohe Hügelnester anlegen

babylonische riesengroße und verwirrende

Zerberus dreiköpfiger Höllenhund der griechischen Mythologie

ethnische auf eine bestimmte Volksgruppe bezogene

Profession Beruf (als Boxer)

samariterisch hilfsbereit

vertikalen Zylinder gemeint ist die Drehtür

Hahnenschrei und biblisches Motiv Anspielung auf die Verleugnung Christi durch Petrus

in spe zukünftiger, baldiger

(und manchmal darüber hinaus) damit beschäftigt, aus aufgeknüpften Leinwandsäcken die Post in die bezifferten und benamten Blechschatullen zu sortieren: die für eine mittlere europäische Kleinstadt übliche Menge.

Im elften Stockwerk um eine Ecke und in einen langen verlassenen Gang, erneut einen offenen Raum im Vorbeigehen einsehend: darinnen diesmal kein Postbeamter, sondern die Waschmaschine rotiert, die Schleuder schleudert und der elektronische Trockner trocknet und wo der Müllschlucker alles schluckt, was zu waschen nicht mehr lohnt: der gleiche Vorgang auf jeder Etage.

Da öffnet sich die Tür XY, man erwartet uns, begrüßt uns, lässt uns ein: für vierzehn Tage. Und wenig später erhalten wir in einer freundlichen, aber Aufmerksamkeit fordernden Zeremonie die Schlüssel.

Auch den für die Haustür?

Nein: die ist immer offen, bewacht rund um die Uhr, und am Abend erscheint noch ein Polizist und gesellt sich zu den »Doormännern«, um es exakt deutsch-amerikanisch auszudrücken. Dieser kleine Schlüssel, look here, ist für das Kunstschloss, der hier für das Riegelschloss, und dieser ist für den Drücker: bitte immer gut abschließen! Wir wollen es gleich probieren. Wir üben Türabschließen und -aufschließen, Aufschließen und Zuschließen. Und wenn es klingelt, erst hinter der Tür fragen, wer draußen ist. Und nur mit Sicherheitskette öffnen!

Arbeitsanregungen

1. Betrachten Sie die vier Fotos auf den Seiten 104 und 105. Welche Gefühle und Vorstellungen lösen sie bei Ihnen aus? Geben Sie den Bildern einen Titel. Schreiben Sie zu einem dieser Bilder einen Text.

2. Mit welchen Erzählungen des Bandes könnte man die Bilder verbinden? Warum?

3. Vergleichen Sie das Apartment House Nummer 315 aus Günter Kunerts Reisebericht »Termitenbau« (S. 106 f.) mit dem Washington-Jefferson-Hotel in Judith Hermanns Erzählung »Hunter-Tompson-Musik«.

4. Bei einer Wanderung durch die Mark Brandenburg entdecken zwei Reisende das auf Seite 105 abgebildete Haus und sprechen über ihre Eindrücke. Schreiben Sie einen Dialog.

5. Ein fantastisches Gespräch: Die beiden Bänke auf der Strandpromenade (S. 105) führen ein Gespräch über Personen, die während des Tages auf ihnen gesessen haben. Verwenden Sie dabei Figuren aus den Erzählungen des Bandes.

6. Informieren Sie sich über den Stadtteil New Yorks, in dem Judith Hermanns Erzählung »Hunter-Tompson-Musik« spielt und vermitteln Sie Ihren Mitschüler(inne)n in einer Text-Bild-Ton-Präsentation Erscheinungsbild und Atmosphäre dieses Stadtteils. Verwenden Sie nach Möglichkeit Zitate aus dem Text.

Ulla Hahn

Spielregeln — 1981

Komm wir proben die Posse noch einmal
wir kennen die Rollen zum Glück
gibt es nicht mehr zu sagen
wir spielen das alte Stück

Immer wieder dieselben Schritte
bis hierher und weiter nicht
immer wieder dieselben Blicke
aus einem andern Gesicht

Immer wieder dasselbe Stöhnen
aus einem anderen Mund
jedes Mal dasselbe Versinken
in immer anderem Grund

Immer wieder dieselben Blumen
am Anfang diesmal für mich
und im Schlussakt frische Tränen
wie immer: diesmal um dich.

Posse
derbes Lustspiel

Botho Strauß

Beziehungen — 1981

Von Zeit zu Zeit, wenn ihr eben danach ist, sucht sie einen gut gekleideten, kräftigen Burschen auf und er ist meist für sie da. Sie muss dafür nicht bezahlen. Sie sind Körperfreunde. Sie wissen wenig voneinander, nichts Tieferes, vom Lebensweg des anderen nur eben so viel, wie man in Zigarettenpausen spricht und dann leicht vergisst. So wird es getan, genauso wie es in tausend Magazinen schon beschrieben und sogar empfohlen wurde. So vorbildlich helfen sich hier zwei, die es vorziehen, allein und ungebunden zu leben. Vor dem Haus streichelt sie dem Mann in seinen weißen Hosen zum Abschied über die Wange. Weich und dankbar sieht es aus, lebensklug und nicht frivol. Eine umfassende Gebärde gleichwohl für die lasche Güte und die Auswegsfülle, in der mittlerweile das Lieben abseits der Liebe verläuft. Wir haben es hier eher zu tun mit einer liberaldemokratischen Einrichtung, chaoslos und angstfrei, die Liebe dem Guten untergeordnet, domestiziert und der Freiheit gewidmet. Die Angst gehört den Atomkraftwerken. Keiner ist mehr gezwungen, sie an ihrer geschlechtlichen Quelle selbst zu ertragen. Und vielen scheint es zu gelingen, die Angst zu provinzialisieren, umzulagern.

Allein das Wort »Beziehungen« immer wieder zu hören, wirkt sich handschweißhemmend aus. So handelsplatt wie es klingt, sucht es den Umgang mit der gründlichen Gefahr, welche die Liebe ihrem Wesen nach für das Gemeinwohl darstellt, künstlich zu ernüchtern und eine Berechenbarkeit hineinzubeschwören in eine Sphäre, die immer noch die ursprünglichste, undurchdringlichste und verschlingendste des Menschen ist. Es mag sein, dass daran die Herrschaft alles Möglichen, die totale Erlaubnis, der Konsum auf die Dauer etwas ändern werden und alle Bindungen lose und schwächlich machen.

frivol – schamlos, frech

domestiziert – gezähmt

Wie der Geschichtslose an den kalten Inszenierungen von Vergangenheiten, den plötzlichen Tableaus von Preußen, Staufern, Pharaonengräbern sich erfreut, so wird dann den Lieblosen kaum etwas anderes mehr erregen als die Spurensicherung der Liebe. Zu gerne würd' er mal erfahren, was wohl ein so genanntes erotisches Abenteuer wirklich war, oder wie eine Leidenschaft sich ausnahm, die erst im Bruch von Regeln, Sitte, Widerständen groß geworden war.

Tableaus Gemälden

Für uns in den Städten, uns Mobile, Beschleunigte und Mischklässler, entscheidet sich die Partnerwahl in einem freien Spiel von anziehenden und abstoßenden Kräften, je nach Lust und Laune und dem Angebot der Reize. Es ist, als sei die erotische Wirklichkeit, die äußere Szene der wechselnden Gelegenheiten, zu einem vollkommenen Abbild der Seele selbst geworden mit ihren wirren, ungeordneten Bedürfnissen und der Fülle ihrer Ambivalenzen. Wir werden diesem Menschen nicht mehr begegnen, von dem wir auf Anhieb wissen, dieser passt zu uns wie kein Zweiter, er ist der einzig Richtige. Für unsere Lebensformen, in denen wir voneinander immer unabhängiger, vom Ganzen aber immer abhängiger werden sollen, ist ein solcher schöner Herzenstrug von keinerlei Nutzen mehr und wir werden ihn allmählich aus unseren Gefühlen verlieren. Wo aber die Seele so wenig äußeren Zwecken gehorchen braucht, tritt die Herrschaft der innersten Ambivalenz-Gefühle umso ungezügelter hervor. Die Rede der Verbindung, die einzig auf Gefühl beruht und kein gemeinsames soziales Geschick mehr zu tragen braucht, ist ein komplexes Ja-Nein und ihr unspaltbarer Kern ist Liebe-Kälte. Alleinbestimmend ist, was gerade der Seele gefällt – und es gefällt ihr schon gleich nicht mehr, wie man weiß, denn sie ist ja der Hort des Gegenwendigen schlechthin. Die Begegnung, die unter den Bedingungen der größtmöglichen äußeren Freiheit und Verantwortungslosigkeit stattfindet, wird bald ein ge-

Ambivalenzen Zweideutigkeiten, Zwiespältigkeiten

schundenes Opfer der Zwänge, der Lust- und Zerstörungslaunen des Unbewussten. Auf diesem Feld, wo das Soziale (Aufbau einer Gemeinschaft, Fortpflanzung, Überlieferung eines kulturellen Erbes usw.) seine vorherrschende Rolle eingebüßt hat, verkehren unbehindert die Launen mit den Gelegenheiten, die äußeren Reize, das Neue mit dem schnellen Wechsel der Behausung, und aus diesem breiten Verkehrsstrom, wo das Gewünschte mit dem Gegebenen sich immer kurzfristig einigen kann, wird sich keine noch so fest versprochene Verbindung heraustrennen können. Er zieht durch uns alle.

Gabriele Wohmann

Ein netter Kerl — 1978

Ich habe ja so wahnsinnig gelacht, rief Nanni in einer Atempause. Genau wie du ihn beschrieben hast, entsetzlich.

Furchtbar fett für sein Alter, sagte die Mutter. Er sollte vielleicht Diät essen. Übrigens, Rita, weißt du, ob er ganz gesund ist?

Rita setzte sich gerade und hielt sich mit den Händen am Sitz fest. Sie sagte: Ach, ich glaub schon, daß er gesund ist. Genau wie du es erzählt hast, weich wie ein Molch, wie Schlamm, rief Nanni. Und auch die Hand, so weich.

Aber er hat dann doch auch wieder was Liebes, sagte Milene, doch, Rita, ich finde, er hat was Liebes, wirklich.

Na ja, sagte die Mutter, beschämt fing auch sie wieder an zu lachen; recht lieb, aber doch gräßlich komisch. Du hast nicht zuviel versprochen, Rita, wahrhaftig nicht. Jetzt lachte sie laut heraus. Auch hinten im Nacken hat er schon Wammen, wie ein alter Mann, rief Nanni. Er ist ja so fett, so weich,

Wammen Falten an der Unterseite des Halses

so weich! Sie schnaubte aus der kurzen Nase, ihr kleines Gesicht sah verquollen aus vom Lachen.

Rita hielt sich am Sitz fest. Sie drückte die Fingerkuppen fest ans Holz.

Er hat so was Insichruhendes, sagte Milene. Ich find ihn so ganz nett, Rita, wirklich, komischerweise.

Nanni stieß einen winzigen Schrei aus und warf die Hände über den Tisch; die Messer und Gabeln auf den Tellern klirrten.

Ich auch, wirklich, ich finde ihn auch nett, rief sie. Könnt ihn immer ansehn und mich ekeln.

Der Vater kam zurück, schloß die Eßzimmertür, brachte kühle nasse Luft mit herein. Er war ja so ängstlich, daß er seine letzte Bahn noch kriegt, sagte er. So was von ängstlich.

Er lebt mit seiner Mutter zusammen, sagte Rita. Sie platzten alle heraus, jetzt auch Milene.

Das Holz unter Ritas Fingerkuppen wurde klebrig. Sie sagte: Seine Mutter ist nicht ganz gesund, soviel ich weiß.

Das Lachen schwoll an, türmte sich vor ihr auf, wartete und stürzte sich dann herab, es spülte über sie weg und verbarg sie: lang genug für einen kleinen schwachen Frieden. Als erste brachte die Mutter es fertig, sich wieder zu fassen.

Nun aber Schluß, sagte sie, ihre Stimme zitterte, sie wischte mit einem Taschentuchklümpchen über die Augen und die Lippen. Wir können ja endlich mal von was anderem reden.

Ach, sagte Nanni, sie seufzte und rieb sich den kleinen Bauch, ach ich bin erledigt, du liebe Zeit. Wann kommt die große fette Qualle denn wieder, sag, Rita, wann denn? Sie warteten alle ab.

Er kommt von jetzt an oft, sagte Rita. Sie hielt den Kopf aufrecht.

Ich habe mich verlobt mit ihm.

Am Tisch bewegte sich keiner. Rita lachte versuchsweise

und dann konnte sie es mit großer Anstrengung lauter als die anderen, und sie rief: Stellt euch das doch bloß mal vor: mit ihm verlobt! Ist das nicht zum Lachen!

Sie saßen gesittet und ernst und bewegten vorsichtig Messer und Gabeln.

He, Nanni, bist du mir denn nicht dankbar, mit der Qualle hab ich mich verlobt, stell dir das doch mal vor!

Er ist ja ein netter Kerl, sagte der Vater. Also höflich ist er, das muß man ihm lassen.

Ich könnte mir denken, sagte die Mutter ernst, daß er menschlich angenehm ist, ich meine, als Hausgenosse oder so, als Familienmitglied.

Er hat keinen üblen Eindruck auf mich gemacht, sagte der Vater.

Rita sah sie alle behutsam dasitzen, sie sah gezähmte Lippen. Die roten Flecken in den Gesichtern blieben noch eine Weile. Sie senkten die Köpfe und aßen den Nachtisch.

(Text in alter Rechtschreibung)

Arbeitsanregungen

1. Woran scheitert die in dem Text »Narzissen für über den Tag« geschilderte Zweierbeziehung? Kennzeichnen Sie das Selbstverständnis der Protagonistin. Wie verstehen Sie den Titel der Geschichte? Machen Sie deutlich, inwiefern die den Blumen zugeschriebene symbolische Bedeutung dessen Verständnis erleichtert.

2. Vergleichen Sie Einzmanns Erzählung »Meine Cousinen« mit Gabriele Wohmanns Kurzgeschichte »Ein netter Kerl«.

3. Wie charakterisiert Ulla Hahn in ihrem Gedicht »Spielregeln« die dargestellte Beziehung? Welche Spielregeln bestimmen das Verhältnis der beiden Frauen in Maike Wetzels »Nachsaison«?

4. Gliedern Sie den Text »Beziehungen« von Botho Strauß und geben Sie den Abschnitten Überschriften. Wie verstehen Sie die Textstelle auf Seite 110, Zeile 23 bis 30? Welchen Texten des Bandes könnte man diese Auffassung zuordnen? Begründen Sie Ihre Entscheidung.

5. In der Titelgeschichte »Hochzeiten« von Maike Wetzel wird eine in der Literatur häufig vorkommende Dreier-Beziehung dargestellt. Kennzeichnen Sie das Verhältnis der drei Figuren zueinander.

6. Verfassen Sie Rollenbiografien zu Rosalie, ihrer Mutter und deren Geliebten. Beginnen Sie z. B. mit den folgenden Sätzen: »Ich bin bald sechzig Jahre alt. Am Fünfzehnten des nächsten Monats werde ich Faisal heiraten …«, »Ich heiße Rosalie …«, »Ich komme aus Marokko …«

M

Bilder einer Generation

Love Parade in Berlin 2001

Florian Illies

Generation Golf ______________________ 2000

Die Love Parade ist die einzige Demonstration, zu der unsere narzisstische Generation noch in der Lage ist. Sie ist Hingabe an sich selbst, im Medium der Musik zwar, aber zum Zwecke der Zelebrierung des eigenen Spaßes und der eigenen Körperlichkeit. Selbstbefriedigung in der Gruppenstunde. Der andere ist unwichtig geworden, zur Kulisse, zur Masse, in der jeder ebenso in sich verloren ist wie man selbst. Jedem ist, mit Handy, Walkman und 1-Zimmer-Appartement ausgestattet, das Leben zur Selbstbefriedigung geworden. Wenn alle alle lieben, liebt keiner keinen. »C. findet es einen guten Zeitpunkt, den Mädchenmund von Girl 2 zu küssen. Macht er mal eben, einfach so, und sie küsst zurück, als wäre nichts. Ist ja auch nichts«, so Rebecca Casatis schönes Mitbringsel aus einer typischen Techno-Nacht. Ist ja auch nichts: Was damit genau gemeint war, zeigte uns in den neunziger Jahren die Sendung »Herzblatt« am Freitagabend um zehn nach sieben. [...] Wer mit wem, wird schon nach Sekunden zu einer überflüssigen Frage, weil theoretisch jeder mit jeder könnte und wollte und die Moderatoren ebenfalls so tun, als sei das Leben des modernen Menschen eine einzige Love Parade, so unausweichlich wie folgenlos.

Das alljährliche Motto der wirklichen Love Parade, irgendwo in der Grauzone von »We are one family« und »Friede Freude Eierkuchen« ist ebenfalls von einer solchen Allgemeinverbindlichkeit, dass sich darunter problemlos eine ganze Million Generationsangehöriger zusammenfassen lässt. Die einen verstehen es ganz naiv und lüpfen voller Freude über die Musik, die Sonne, die Menschen und Berlin ihre Shirts, andere verstehen alles eher ironisch, fühlen sich über die Masse erhaben und tanzen doch begeistert mit.

M

narzisstische **in sich selbst verliebte**

Zelebrierung **feierliche Gestaltung, hier: das Auskosten**

Rebecca Casati **Verfasserin des umstrittenen Romans »Hey, Hey, Hey« (2001)**

lüpfen **hochheben, anheben**

exzessiv ausgelassen, ausschweifend

Initiationsritus Kult bei der Aufnahme einer Person in eine spezielle Gemeinschaft

Drei-Wetter-Taft-Frau Frau, die allen Situationen gewachsen ist

Und wer nicht in Berlin sein kann, sitzt zu Hause und schaut die Love Parade im Fernsehen: stundenlange Liveübertragungen eines Klassentreffens der Generation Golf. Alle haben sich lieb, sind zehn Stunden gemeinsam exzessiv und sind am Montag wieder brave Staatsbürger. Müde zwar, aber pünktlich.

Die Love Parade verrät viel über das Verhältnis unserer Generation zum Sex. Die Aufmachung der Tänzer, die knappen Kleider, die nackte, braune Haut wirken wie eine große Verheißung auf körperliche Liebe. Diese Verheißung jedoch wird nicht eingelöst. Die einzige Form der Sexualität, die praktiziert wird, ist die Vereinigung mit der Musik. In Woodstock, dem Initiationsritus der 68er-Generation, war es noch genau umgekehrt: Die Haare waren lang, die Gesichter kaum sichtbar, die Körper mit schlotternden Kleidern verdeckt. Sex war die Naturdroge. Gerade die Verschleierung der Körperlichkeit führte, wie man munkelt, zu einer befreiten Liebe und frei und wild praktiziertem Sex. […] Als der »Spiegel« 1999 Jugendliche fragte, wie wichtig für sie Sex sei, sagten 75 Prozent »nicht sehr wichtig«. Die erste wirkliche Scheidungskindergeneration sehnt sich eher danach, einen Partner fürs Leben zu finden. Beziehungskiste und Lebensabschnittspartner sind Worte der älteren Generation, die in Wohnungen gehörten, in denen es noch Hochbetten gab. […]

Mittlerweile sind längst die Frauen in der Offensive. Sie schaffen es, nicht nur im Studium oder im Beruf mindestens so gut zu sein wie die Männer, sie haben auch ihr Privatleben im Griff und sind daneben natürlich beste Freundin und immer auch gute Tochter. Die Drei-Wetter-Taft-Frau ist auf dem Vormarsch. Sie fährt nicht mehr nachmittags in die Stadt, um für die Kleinen Kinderschokolade zu kaufen, sondern kommt abends mit dem Audi heim, um den Geschäftsabschluss zu feiern. Die intakte Beziehung ist aber in Wirklichkeit wie in der Werbung das Ideal auch unserer Generation geblieben, nie gab es so viele junge Menschen, die so lange zusammenbleiben, nie so viele, die sich mit zwanzig kennen lernten und dann Ende zwanzig tatsächlich heirateten. Vielleicht gerade, weil sich alles ändert zwischen Mann und Frau, ist die Treue wieder zu einem wichtigen Wert geworden. Man weiß, dass es mit einem anderen früher oder später zu denselben Problemen kommt. Da bleibt man lieber bei dem, mit dem man natürlich neben allen Schwierigkeiten auch viel Spaß hat. Und bei dem man weiß, was man hat.

Die Generation Golf ist die erste, für die die Gleichberechtigung halbwegs Wirklichkeit geworden ist, für die sich die Kräfteverhältnisse nachhaltig verschoben haben. Und deshalb stehen wir vor Problemen, für die uns niemand Lösungen anbieten kann. Männer wie Frauen werden nun berufsbedingt in andere Städte versetzt, die Frauen ziehen nicht mehr automatisch mit, wenn der Freund umzieht. [...] Und die Männer wissen noch nicht so recht, wie sie mit ihrer neuen Rolle umgehen sollen. Weil wir natürlich überhaupt noch nicht richtig begriffen haben, dass wir eine neue Rolle haben. Wir verteidigen uns, entschuldigen uns, bemühen uns. Und sollen doch weiterhin die Stereoanlagen reparieren können.

Christian Kracht

Faserland 1995

Also, es fängt damit an, dass ich bei Fisch-Gosch in List auf Sylt stehe und ein Jever aus der Flasche trinke. Fisch-Gosch, das ist eine Fischbude, die deswegen so berühmt ist, weil sie die nördlichste Fischbude Deutschlands ist. Am obersten Zipfel von Sylt steht sie, direkt am Meer, und man denkt, da käme jetzt eine Grenze, aber in Wirklichkeit ist da bloß eine Fischbude.

Also, ich stehe da bei Gosch und trinke ein Jever. Weil es ein bisschen kalt ist und Westwind weht, trage ich eine Barbourjacke mit Innenfutter. Ich esse inzwischen die zweite Portion Scampis mit Knoblauchsoße, obwohl mir nach der ersten schon schlecht war. Der Himmel ist blau. Ab und zu schiebt sich eine dicke Wolke vor die Sonne. Vorhin habe ich Karin wiedergetroffen. Wir kennen uns noch aus Salem, obwohl wir damals nicht miteinander geredet haben, und ich hab sie ein paar Mal im Traxx in Hamburg gesehen und im P1 in München.

Salem **Internat am Bodensee**

Traxx, P1 **Diskotheken**

Karin sieht eigentlich ganz gut aus, mit ihrem blonden Pagenkopf. Bisschen zu viel Gold an den Fingern für meinen Geschmack. Obwohl, so wie sie lacht, wie sie das Haar aus dem Nacken wirft und sich leicht nach hinten lehnt, ist sie sicher gut im Bett. Außerdem hat sie mindestens schon zwei Gläser Chablis getrunken. Karin studiert BWL in München. Das erzählt sie wenigstens. Genau kann man so was ja nicht wissen. Sie trägt auch eine Barbourjacke, allerdings eine blaue. Eben, als wir über Barbourjacken sprachen, hat sie gesagt, sie wolle sich keine grüne kaufen, weil die blauen schöner aussehen, wenn sie abgewetzt sind. Das glaube ich aber nicht. Meine grüne Barbour gefällt mir besser. Abgewetzte Barbourjacken, das führt zu nichts. Das erkläre ich später, was ich damit meine.

Chablis **Weißwein**

Barbourjacke **teure, modische Jacke**

Karin ist mit dem dunkelblauen S-Klasse-Mercedes ihres Bruders hier, der in Frankfurt Warentermingeschäfte macht. Sie erzählt, dass der Mercedes ganz gut ist, weil der wahnsinnig schnell fährt und ein Telefon hat. Ich sage ihr, dass ich Mercedes aus Prinzip nicht gut finde. Dann sagt sie, dass es sicher heute Abend regnen wird und ich sage ihr: Nein, ganz bestimmt nicht. Ich stochere mit der Gabel in den Scampis herum. Ich mag die nicht mehr aufessen. Karin hat ziemlich blaue Augen. Ob das gefärbte Kontaktlinsen sind?

Jetzt erzählt sie von Gaultier und dass der nichts mehr auf die Reihe kriegt, designmäßig, und dass sie Christian Lacroix viel besser findet, weil der so unglaubliche Farben verwendet oder so ähnlich. Ich hör nicht genau zu.

Jean-Paul Gaultier, Christian Lacroix **Modeschöpfer**

Andauernd ruft jemand von Gosch über das Mikrofon irgendwelche bestellten Muschelgerichte aus, und das lenkt mich immer wieder ab, weil ich mir vorstelle, dass eine der Muscheln verseucht ist und heute Nacht irgendein chablistrinkender Prolet ganz schlimme Bauchschmerzen kriegt und ins Krankenhaus gebracht werden muss mit Verdacht auf Salmonellen oder irgendsowas. Ich muss grinsen, wie ich mir das vorstelle, und Karin denkt, ich grinse über den Witz, den sie gerade erzählt hat und grinst zurück, obwohl ich, wie gesagt, gar nicht zugehört hab.

Ich zünde mir eine Zigarette an, und während Karin weitererzählt, beobachte ich, wie ein schwarzer Windhund mit einem Halsband, auf das so winzige goldene Kühe geklebt sind, eine große Kackwurst neben einen Tisch setzt. Der Hund kackt komischerweise halb im Stehen, und ich kann genau erkennen, wie ein Viertel der Wurst an seinem Hintern kleben bleibt.

Ich muss schon wieder grinsen, obwohl mir jetzt richtig schlecht ist, weil ja auch die Scampis irgendwie komisch geschmeckt haben, und ich unterbreche Karin und frage sie, ob wir nicht ins Odin fahren wollen, nach Kampen. Sie sagt ja, und ich trinke mein Bier aus, obwohl mir Jever eigentlich gar nicht schmeckt, und wir laufen zu ihrem Auto, da ich gerade keine Lust habe, in meinem engen Triumph zu sitzen.

Triumph **Automarke**

M

Arbeitsanregungen

1. Charakterisieren Sie das Lebensgefühl und die Lebensweise der Figuren in Judith Hermanns Erzählung »Sommerhaus, später«.
   a) Wie verstehen Sie den Titel der Geschichte?
   b) Welche Bedeutung hat der Erwerb des Hauses für die beiden Protagonisten?

2. In »Sommerhaus, später« heißt es: »Stein hatte für jede Strecke eine andere Musik, Ween für die Landstraßen, David Bowie für die Innenstadt, Bach für die Alleen, Trans-AM nur für die Autobahn.« (S. 58)
   a) Wie erklären Sie sich diese Vorlieben?
   b) Verdeutlichen Sie sie an ausgewählten Musikbeispielen ihren Mitschüler(inne)n.

3. In seinem Text »Generation Golf« zeichnet Florian Illies das Bild der in den siebziger Jahren geborenen Generation.
   a) Welche Merkmale prägen nach Auffassung des Autors diese Generation?
   b) Stimmen Sie mit seiner Einschätzung überein? Nehmen Sie begründet Stellung zu den Thesen des Autors.
   c) Welche der Erzählungen des Bandes könnten sein Bild stützen, welche widersprechen ihm?
   d) Wie verstehen Sie Ihre Generation? Könnten Sie – wie Illies – ein Bild von ihr zeichnen?

4. Vergleichen Sie den Beginn des Romans »Faserland« von Christian Kracht mit Nadja Einzmanns Erzählungen »Da kann ich nicht nein sagen« und »Tod oder nicht Tod«.

Dorothee Sölle

Der Tod am Brot allein 1973

Liebe Freunde, der Mensch lebt nicht von Brot allein, er stirbt sogar am Brot allein, einen allgegenwärtigen schrecklichen Tod, den Tod am Brot allein, den Tod der Verstümmelung, den Tod des Erstickens, den Tod aller Beziehungen. Den Tod, bei dem wir noch eine Weile weitervegetieren können, weil die Maschine noch läuft, den furchtbaren Tod der Beziehungslosigkeit: wir atmen noch, konsumieren weiter, wir scheiden aus, wir erledigen, wir produzieren, wir reden noch vor uns hin und leben doch nicht. [...]

Alleinsein und dann allein gelassen werden wollen, keine Freunde haben und dann den Menschen misstrauen und sie verachten, die andern vergessen und dann vergessen werden, für niemanden dasein und von niemandem gebraucht werden, um niemanden Angst haben und nicht wollen, dass sich einer Sorgen um einen macht, nicht mehr lachen und nicht mehr angelacht werden, nicht mehr weinen und nicht mehr beweint werden: der schreckliche Tod am Brot allein.

Mein Nachbar, ein älterer kinderloser Herr, der seine Frau vor einigen Wochen verloren hatte, rief mich heraus, um mir zu zeigen, dass die Kinder ihre Fahrräder an sein frisch verputztes Haus gelehnt haben. »Sehen Sie den Kratzer«, sagte er, »sehen Sie nur, wo doch das Eigentum das Einzige ist, was wir noch haben.« Der Mensch stirbt am Brot allein. Mein Nachbar hat gearbeitet für das Haus, er bewohnte es, er vermietete es, er renovierte es, er beschützte es, das Eigentum war »doch das Einzige, was wir haben«, und ich sah und hörte, dass er tot war, der furchtbare Tod, kein Verhältnis zu haben und in keiner Beziehung mehr zu stehen.

Das ist der Tod, von dem die Bibel spricht: der Mensch, für den die anderen nicht Reichtum bedeuten, Herausforderung, Glück, sondern Angst, Bedrohung, Konkurrenz, der Mensch, der von Brot allein lebt und daran stirbt, am Brot allein, von dem man nicht leben kann. Das ist der Tod, von dem die Bibel spricht und vor dem sie Angst hat und Angst macht, nicht der Exitus, an den wir meistens denken, sondern der Tod, der ein sinnloses und leeres Leben bedeutet, der Tod im Beziehungslos-Sein, in der Angst, in der Sprachlosigkeit, in der Verlassenheit. [...]

Exitus Tod

Durs Grünbein

Wussten wir? 1994

Wussten wir, was den Reigen in Gang hält?
Dass Lieben einsamer macht,
Schien erwiesen. Jeder behielt ihn für sich,
Seinen Dorn, bis zur Unzeit
Das Blut die Verbände durchschlug. Selten
Blieb jemand unverletzt. Eher kroch
Ein Schmerz beim anderen unter. Verlassen
Zu sein war das größte Übel,
Nichts zu fühlen im Frühling, wie amputiert
Vor defekten Riesenrädern ...
Wie uns der Wind in die Baumkronen hob,
Aus denen wir fallen sollten,
Glücklich, mit einem langen Himmelsschrei.

M

Arbeitsanregungen

1. In Judith Hermanns Geschichte »Ende von etwas« erzählt Sophie von ihrer Großmutter.
   a) Beschreiben Sie die Situation, in der das Gespräch stattfindet, und charakterisieren Sie die Erzählerin.
   b) In der Erzählung wird nicht klar, wen Sophie anspricht. Wie stellen Sie sich den Adressaten vor? Welche Fragen könnte er Sophie stellen?
   c) Verdeutlichen Sie den Aufbau der Erzählung.
   d) Machen Sie sich die in dem Text geschilderte familiäre Konfiguration klar und untersuchen Sie die Beziehungen der einzelnen Familienmitglieder zueinander.
   e) Wie verstehen Sie den Titel der Erzählung? Halten Sie ihn für treffend? Machen Sie andere Titelvorschläge.

2. Wie verstehen Sie den Titel von Nadja Einzmanns Erzählung »Tod oder nicht Tod«?
   a) Erschließen Sie den Aufbau des Textes und erläutern Sie die Erzählsituation.
   b) Versetzen Sie sich in die Situation des Mannes. Was denkt und empfindet er? Schreiben Sie einen inneren Monolog.

3. Arbeiten Sie die zentralen Thesen des Textes von Dorothee Sölle »Der Tod am Brot allein« heraus. Setzen Sie sich begründet mit den Auffassungen der Verfasserin auseinander. Welche von ihnen können Sie auf die Texte des Bandes beziehen?

4. Geben Sie die Aussagen des Gedichts »Wussten wir?« mit eigenen Worten wieder.

Winfried Ulrich

Poetik der Kurzgeschichte — 1973

Für die Kurzgeschichte […] gilt in besonderem Maße, was man zum Gattungsbegriff in der zeitgenössischen Literatur schlechthin sagen kann: Es gibt keine normative Formbestimmung, keine allgemeingültige Definition, sondern nur eine Anzahl von Merkmalen, die bestimmten Texten gemeinsam sind und sie so gegen andere abheben […].

Sind die Merkmalkombinationen von Text zu Text verschieden (einzelne Merkmale können auch ganz fehlen), so lässt sich doch ein deskriptiv zu verstehendes Merkmalinventar aus den Texten ableiten, die in der Nachfolge von Novelle und Kalendergeschichte, unter dem Einfluss der amerikanischen »short story« und unter dem Eindruck der Kriegs- und Nachkriegsereignisse in Deutschland nach 1945 in großer Zahl entstanden […].

deskriptiv beschreibend

1. Kürze: Eine Kurzgeschichte ist zwar nicht nur, aber eben doch auch eine »kurze Geschichte«, im Vergleich zur Erzählung mit ihren breiter angelegten und locker gefügten Erzählpartien.

2. Punktualisierung: Wichtiger als die äußere Umfangsbegrenzung ist die Tendenz zur »Komprimierung erzählter Zeit auf einen kleinen Ausschnitt, eine Momentaufnahme« (Bodo Heimann), die Reduktion und Verdichtung des Geschehens und Erlebens auf einen gedrängten Augenblick, eine exemplarische Situation, ein Bild, eine Formel. Haupt-, Neben- und Gegenhandlung fehlen.

3. Simultaneität: Solche Schrumpfung würde das Ende des Erzählens überhaupt bedeuten, wenn nicht »der Reduktion auf den Augenblick die Dehnung dieses Augenblicks entge-

Simultaneität Gleichzeitigkeit

genwirkte« (Bodo Heimann): Wechsel der Erzählperspektive, Einblendungen, innerer Monolog ermöglichen eine Zusammenschau verschiedener Schauplätze und Zeiten, verschiedener Wirklichkeits- und Bewusstseinsebenen, machen den Augenblick vielschichtig und schwebend.

4. Offenheit: Statt eines linearen Handlungsablaufs mit Einleitung und abrundendem Schluss findet man in Kurzgeschichten meist ein nach vorn und hinten unabgeschlossenes Augenblicksgeschehen: Unvermittelt, ohne Vorbereitung und Übergang blendet sich der Erzähler in ein laufendes Geschehen ein, schaltet sich am Schluss ebenso unerwartet wieder aus, ohne es eigentlich zu Ende zu führen. Der verblüffende Schluss hinterlässt eine schwebende, nachklingende Dissonanz […], stiftet Unruhe, stellt dem Leser Fragen, die ihn zum Mitdenken und Mitwirken auffordern. Nach Lösungen muss er selbst suchen. Der offene Schluss, als Frage verstanden, ist oft der Schlüssel zum Verständnis des Textes.

5. Alltäglichkeit: Stoffreservoir ist zumeist das moderne Alltagsleben, in dem kein »Held«, sondern ein »mittelmäßiger Mensch«, vielleicht auch ein gesellschaftlicher Außenseiter unserer Zeit mit dem grauen, banalen Einerlei seines Daseins oder auch mit bestimmten, die Grundlagen seiner Existenz erschütternden Grenzsituationen konfrontiert wird. Ein entschiedener Wille zur Wahrhaftigkeit bestimmt die Sprache: Sie ist unprätentiös, schlicht (Dialekt, Jargon), kühl (understatement).

unprätentiös **bescheiden, einfach, schlicht**

6. Mehrdeutigkeit: Freilich kommt es beim Erzählen auch sehr auf die Andeutungen an, auf das, was nicht ausgesprochen wird, was zwischen den Zeilen steht. Im komprimierten Augenblick werden scheinbare Belanglosigkeiten bedeutungsvoll; einzelne Gegenstände, Worte, Gesten erhalten Hinweischarakter auf Hintergründiges, werden mehrdeutig.

Moritz Baßler

Die neuen Archivisten — 2002

Die neuen Archivisten, besser bekannt als Pop-Literaten – dank ihnen kann deutsche Literatur seit einigen Jahren wieder richtig Spaß machen! Als ob sie die Versäumnisse einer Nachkriegsliteratur, die sich an anderen Problemen abgearbeitet hatte, nachholen wollten, archivieren ihre Bücher in geradezu positivistischer Weise Gegenwartskultur, mit einer Intensität, einer Sammelwut, wie sie im Medium Literatur in den Jahrzehnten zuvor unbekannt war. Der literarische Thesaurus, der seit den Tagen der Gottfried Bennschen Parlando-Gedichte mehr oder weniger zu stagnieren schien, wird dabei radikal auf die Waren- und Medienwelt des 21. Jahrhunderts hin geöffnet. Das sieht im Ergebnis zeitgeistkompatibel und unbeschwert aus, geht aber in der Bedienung von Trends und auch in der Funktion einer generationsspezifisch nostalgischen Erinnerungs- und Verständigungsliteratur nicht auf. Spätestens an den heftigen Reaktionen der »ernsthaften Literatur« und ihrer institutionellen Hüter auf den Erfolg dieser Jungspunde lässt sich ablesen, dass es hier um mehr geht: um den Konsens darüber, was Literatur sein kann und will. […]

Thesaurus Schatz
Parlando sprechend
stagnieren stehen zu bleiben
kompatibel passend

Im Gegensatz zu einer Literatur der ersten Worte, die ihre eigene Sprache als vom Zeitgeist unkorrumpiertes Werkzeug primärer, authentischer Kunst und Welterfahrung ins Feld führt (und deren Vertreter folglich beinahe zwangsläufig einen dringenden Genieverdacht gegen sich selbst hegen), operiert der neue Archivismus – implizit oder explizit – mit der Prämisse, dass die Kultur der Gegenwart und somit unsere Sprache – und damit die Sprache jeder möglichen Literatur – immer schon medial und diskursiv vorgeformt ist. Daraus ergibt sich die Notwendigkeit einer Literatur der zweiten Worte, die im Material einer Sprache des immer schon Gesagten

Prämisse Voraussetzung
diskursiv in systematischer Rede

arbeitet. Was von der traditionellen Warte als billiges Gemeinmachen mit den herrschenden (Konsum-, Kommerz-, Medien- etc.) Verhältnissen gedeutet wird, ist für die Autoren der Pop-Generation gar nicht anders denkbar. Es gibt keinen archimedischen Punkt außerhalb der kulturellen Enzyklopädie [...].

archimedischen Punkt **entscheidenden Punkt**
Enzyklopädie **umfassendes Nachschlagewerk**

Was die neuen Archivisten anbelangt, so fällt auf, dass sie sich zwar an der zeitgenössischen Medien- und Markenkultur und vor allem an der Popmusik orientieren, aber eben nicht an jener marktförmigen Erzählliteratur, die dies auch immer schon getan hat. [...]

Den narrativen Mustern bisheriger Erfolgsliteratur stehen bei den genannten Autoren vielfältige Verfahren der Katalogisierung und Listenbildung gegenüber, die sich ideal als Werkzeuge zur ersten Archivierung eignen. [...] Chiffre des neuen Prinzips ist der archivierte Markenname: Es geht nicht um erste Worte, sondern um den Import und die Verarbeitung bereits existierender, längst enzyklopädisch aufgeladener Wörter, Redeweisen, diskursiver Zusammenhänge und Vorstellungskomplexe in die Literatur. [...]

narrativen **erzählerischen**
Chiffre **Zeichen**

Wirklich erstaunlich finde ich, dass eine solche katalogische Literatur offenbar ebenfalls in der Lage ist, ein größeres Lesepublikum zu erreichen und zu begeistern. [...] Möglicherweise ist das ja ein Indiz dafür, dass auch das mehr oder minder junge Publikum dieser Literatur selbst sich nicht ganz unsouverän in seiner von Markt und Medien dominierten sprachlichen und lebensweltlichen Umgebung bewegt, dass es nicht einfach von ihr beherrscht und korrumpiert wird, wie uns die Alten sungen, sondern durchaus in der Lage ist, im Umgang mit ihr zu wählen, abzuwägen, sich abzugrenzen und, auch ironisierend, seine Positionen abzustecken.

Arbeitsanregungen

1. Analysieren Sie die Sprach- und Erzählstruktur in Maike Wetzels »Nachsaison«. Stellen Sie die Metaphern zusammen, die die Autorin verwendet und bestimmen Sie deren Bedeutung und Funktion. Welche Bedeutung hat das »Augen«-Spiel der Figuren?

2. Hubert Spiegel charakterisiert in seiner Rezension »Eisschollenbewohner auf großer Fahrt« Maike Wetzels Erzählstil als lakonisch (S. 135). Zeigen Sie an ihren Texten auf, welche Wirkungen sie damit erzielt.

3. Welche Geschichten des Bandes lassen sich am besten durch die von Winfried Ulrich zusammengestellten poetischen Merkmale der Kurzgeschichte charakterisieren?

4. Verschiedentlich sind die Texte von Judith Hermann auch als novellistische Erzählungen bezeichnet worden.
   a) Informieren Sie sich über die Begriffe der Novelle bzw. des novellistischen Schreibens.
   b) Vergleichen Sie die Ergebnisse Ihrer Recherche mit den Kennzeichnungen Ulrichs.
   c) Wie würden Sie die Erzählungen der Autorin poetologisch einordnen? Belegen Sie Ihre Meinung.

5. Was versteht Moritz Baßler in seinem Text »Die neuen Archivisten« unter Popliteratur? Wie unterscheiden sich nach seiner Auffassung die Verfahren der Popliteratur von der »marktförmigen Erzählliteratur« (S. 129, Z. 10)? Wie würde er die Erzählungen von Nadja Einzmann, Judith Hermann und Maike Wetzel charakterisieren und beurteilen?

Wirkung

Uwe Schick

Schwankende Lieblichkeit 2001

Die Literaturpreisträgerin Nadja Einzmann verwandelt in ihrer Prosasammlung »Da kann ich nicht nein sagen« ganz gewöhnlichen Alltag in eine ganz ungewöhnliche Sprache. Das hat Konsequenzen. Beziehungsmachtkämpfe oder der Besuch der alten Heimatstadt werden auf einmal Poesie. Kleine Dinge werden groß. Man erfährt viel, fühlt, dass die Szenen real sind, zweifelt aber gleichzeitig an der dargestellten Realität. Denn sie ist schwebend, ätherisch, vergeistigt, nicht greifbar. Ich sehe »Da kann ich nicht nein sagen« eher als gehaltvolle Lyriksammlung, obwohl es sich um Kurzprosa handelt. So wie man in guter Lyrik Gefühle verdichtet, so geschieht es bei Einzmann in der Prosa. Den Stücken mangelt es an Geschichte, nicht aber an bekannten Situationen und Emotionen – in exakter, ausdrucksstarker, manchmal verspielter Sprache beschrieben. Verbunden werden die nahezu schwerelosen Werke oberflächlich durch das Thema Liebe. Darunter taucht das Thema Macht immer wieder auf, wobei offene Kämpfe mit klaren Positionen vermieden werden. Kompromisse lässt man sich bieten. Die Welt ist verletzlich, man will sie heil lassen. Drum sind die Mechanismen, die Nadja Einzmann offen legt, untergründiger, perfider, unter einem Mäntelchen der Lieblichkeit verborgen, mit der man töten kann und die sich in der Sprache spiegelt. Es ist diese Sprache, die als zweites Element die Stücke verbindet.

ätherisch himmlisch

perfider hinterhältiger, tückischer

Nicht immer kann man das abgehoben Geistige nachvollziehen. Manchmal fühlt man sich an »Schulliteratur« erinnert, an die Deutschstunde, wenn der Lehrer fragt: »Warum wird ihr der Arm schwer?« Es wäre Nadja Einzmann zu wünschen, dass ihr Werk den Weg zu den Klassikern der Schulbibliothek finden würde, denn es bietet den Stoff für gute Diskussionen. Einzmann fällt bewusst von einem Bild ins nächste. Sie zieht dem Leser den Boden weg, man fällt und fühlt sich im Fallen weich gebettet, gut aufgehoben im Bodenlosen. Das kann aggressiv machen, denn man will wissen, nicht an der Nase herumgeführt und dabei im Sicheren gewiegt werden. Man wünscht sich, sie würde nein sagen, aber sie kann es eben nicht.

Für Einzmann ist die Oberfläche der Welt dünnes Eis, sie muss vermieden und wenn, mit äußerster Vorsicht beschritten werden, denn was darunter liegt, ist nichts als noch mehr Ahnung. So werden die Worte und damit ihre Auswirkungen von Einzmann mit besonderem Bedacht gesetzt. Das schafft eine Sprachwelt, die Konzentration vom Leser erfordert – sodass ihm nichts entgeht in dieser Zauberwelt.

Florian Illies

Die Traumwandlerin — 1998

»Der Tag, an dem dann doch noch einmal etwas geschieht, ist der Freitag vor Ostern.« Schon nach diesen wenigen Worten betritt der Leser die Erzählwelt Judith Hermanns, eine Welt, in der alles bereits geschehen und jedes Leben schon einmal gelebt ist. Selbst das Neue weckt nur noch Erinnerungen: Manchmal erinnert mich der Winter an etwas«, so beginnt eine andere Erzählung aus Judith Hermanns Debütband »Sommerhaus, später«. Alle neun Erzählungen dieses Bandes sind

Geschichten über das Leben nach dem Ende der Geschichte. Bei den jugendlichen Helden Judith Hermanns ist die Gnade der späten Geburt längst in Ungnade gefallen. Sie leben im Hier und Jetzt, meist in Berlin, sie lassen sich treiben und haben vor allem gelernt, beredt zu schweigen. Diese Geschichten beschreiben die Unmöglichkeit von Kommunikation: zwischen Mann und Frau, das vor allem, aber auch zwischen Enkel und Großmutter, zwischen Achtundsechzigern und ihren Kindern. Hier denkt jeder, kein anderer könne ihn verstehen. Deshalb wird so viel gemeinsam geschwiegen, so viel gemeinsam geraucht. Man wartet auf das Später, ohne zu wissen, ob sich das überhaupt lohnt.

[…] Einmal ist die Rede vom »seltsamen Zustand der Emotionslosigkeit«. Dieser Zustand beherrscht den gesamten Band. Denn auch die Autorin nähert sich ihren Figuren auf diese Weise. Judith Hermann beschreibt sie nicht. Auch braucht sie keine aktuellen Popmusiktitel oder falsch herum aufgesetzten Baseballmützen, um sie zu Zeitgenossen zu machen. Der Leser erfährt kaum einmal die Haarfarbe, Berufe gibt es nicht, auch keine Familie, Freunde sind hängen gebliebene Zufälle. Und doch stehen alle plastisch vor uns, allein durch ihr Handeln und Zaudern, ihr Sagen und Verstummen, das Hermann so beiläufig und doch insistierend beschreibt. […] Es gehört zur Formsicherheit der 1970 geborenen, im Westen aufgewachsenen, nun im Osten Berlins lebenden Autorin, dass man die Netze nicht sieht, über denen sie ihre waghalsigen Manöver ausführt. Man sieht nur, wie sie immer wieder, traumwandlerisch sicher, am Ende des Seils ankommt. Obwohl sie so viele Regeln der Sprachpfleger verletzt, obwohl sie ihre Figuren immer nur etwas »sagen« lässt, als gäbe es kein anderes Verbum des Sprechens, […] doch eher: weil sie all dies tut, entfaltet ihre klare Sprache einen tiefen Sog. Vor allem auch dank ihrer lapidaren Dialoge, die oft über lange

lapidaren **kurzen und knappen**

Strecken die Handlung sanft vorantreiben. Es gibt in diesen Erzählungen, in denen es so sehr um die Sehnsucht nach Liebe und Emotionen geht, im Grunde keine echte Liebesszene, kaum einmal einen Kuss – die Wörter selbst haben in Judith Hermanns Prosa alle Sinnlichkeit auf sich gezogen. […]

Hubert Spiegel

Eisschollenbewohner auf großer Fahrt _______ 2000

Maike Wetzel macht es ihren Lesern leicht. Mit den ersten Sätzen ihrer Erzählungen etabliert sie eine Situation, die Vorgeschichte wird in Raten oder en bloc nachgeliefert, die Verhältnisse sind überschaubar. Ihre Geschichten haben ungefähr die Länge von Videoclips und gehorchen ähnlichen Gesetzen. Rasche, harte Schnitte vor allem sind wichtig, wichtiger vielleicht als alles andere. Was erzählt wird, darf sich halbwegs zur Geschichte fügen, muss es aber nicht. Beliebt ist auch das Trailer-Prinzip: in rascher Folge aneinander gereihte Ausschnitte und Bildsequenzen, die auf ein größeres Ganzes verweisen sollen, aber genauso gut als kleine Zwischenmahlzeit durchgehen. Alles trägt den lässig-weiten Tarnanzug des Beiläufigen, Zufälligen. Maike Wetzels Figuren wirken, als wären sie versehentlich in die Geschichten dieses Debütbandes geraten, irgendwie hereingeschneit, Eisschollenbewohner, die auf dem offenen Meer treiben, voller Sehnsucht nach wärmeren Gefilden und zugleich voller Angst vor ihnen. Für mehr als einen ist auf diesen Eisschollen kein Platz. Deshalb handeln die meisten Geschichten von der Einsamkeit, ohne dass dieses Wort gebraucht würde, von unglücklicher Liebe und den verschiedenen Ersatzformen für das große Gefühl, das sich nicht einstellen will. […] In […] Episoden, angerissenen Miniaturdra-

en bloc
im Ganzen

men auf engstem Raum, zeigen sich die Stärken von Maike Wetzel: Ohne viele Worte zu verlieren, umreißt sie Situationen und Charaktere und etabliert eine gewisse Atmosphäre, die Skizzenhaftigkeit der Darstellung lässt viel Raum für die Vorstellungen des Lesers, auch wenn die Lakonie sich allzu oft als Attitüde zu erkennen gibt. Es ist kein Zufall, dass die einzige Geschichte des Bandes, die den lakonischen Grundton meidet, auch die stärkste ist. »Nachsaison« erzählt von der unglücklichen Liebe eines lesbischen Mädchens zu einer verheirateten Frau, die mit dem fremden Reiz spielt, ohne ihm je ganz zu erliegen. Der elegische, nie ins Kitschige abgleitende Grundton ist schon mit dem ersten Satz angeschlagen: »Die Nachsaison kam, ohne dass wir es merkten.« [...] Anders als die Ich-Erzählerin in »Nachsaison« erscheinen die meisten Frauenfiguren in diesem Band resigniert, abgebrüht, desillusioniert bis zur Teilnahmslosigkeit: Rosalie, die sich in der Titelgeschichte vom Bräutigam ihrer Mutter schwängern lässt, oder Jule, die während des Schweden-Urlaubs ein Verhältnis mit dem verheirateten Ikea-Angestellten Gunnar beginnt [...].

Einfallsreichtum gehört ohnehin nicht zu den Vorzügen von Maike Wetzels Figuren. Es ist etwas Stumpfes um diese verschlossenen, wortkargen Figuren, die wenig reden und sich bescheiden geben: »Aber ich will mich nicht beklagen. Ich bekam, was auf der Packung stand«, sagt Rosalie über ihren Geliebten, einen verheirateten »Finanzhai«. Es muss an programmatisch klingenden Sätzen wie diesen liegen, dass dem Band »Hochzeiten« der Ruf vorauseilt, man könne aus ihm viel über die Generation der Fünfundzwanzigjährigen erfahren.

etabliert eigentlich: begründet, hier: erzeugt, schafft
Lakonie Neigung zu kurzen, treffenden Formulierungen
Attitüde hier: künstlicher Stil, »Masche«

elegische wehmütige

Arbeitsanregungen

1. Sie sind Mitglied der Jury eines Literaturwettbewerbs. Aus dem Textangebot dieser Ausgabe sollen Sie eine Erzählung für den ersten Preis auswählen. Für welchen würden Sie sich entscheiden? Bilden Sie Arbeitsgruppen. Tauschen Sie Ihre Lektüreerfahrungen aus und diskutieren Sie über die Vorschläge. Entscheiden Sie sich für einen Text und tragen Sie Ihr Votum dem Plenum vor.

2. Sie haben ausgewählte Texte von Nadja Einzmann, Judith Hermann und Maike Wetzel kennen gelernt. Entscheiden Sie sich für eine Autorin, lesen sie die vollständige Ausgabe ihrer Geschichten und überlegen Sie, welchen Text/welche Texte Sie lieber in die vorliegende Ausgabe übernommen hätten. Auf welchen/welche hätte man Ihrer Meinung nach dafür verzichten können? Präsentieren Sie den/die ausgewählten Text(e) in Ihrem Kurs und stellen Sie Ihre Entscheidung zur Diskussion.

3. Lesen Sie die Rezensionen zu den Büchern der drei Autorinnen. Wählen Sie eine aus und schreiben Sie einen fiktiven Leserbrief an die Zeitung, die die Rezension veröffentlicht hat. Machen Sie in ihrem Brief deutlich, was Ihnen an der Rezension gefallen und was sie nicht überzeugt hat.

4. In einer in der »Neuen Zürcher Zeitung« veröffentlichten Rezension zur Kurzprosa von Nadja Einzmann heißt es zu Beginn: »Müssen Männer sich eigentlich fürchten, vor den verteufelt spöttischen Blicken, die aus den Dichtungen junger Damen neuerdings auf sie fallen?« Diskutieren Sie diese Frage mit Bezug auf die Erzählungen dieses Bandes.

Mediale Gestaltung

Maike Wetzel

»Hochzeiten«. Drehbuch 2000

Dias. Außen. Tags.

Wie in einem scheibenförmig angeordneten Diaprojektor werden einzelne (ältere) Fotos von Rosalie und Ilse gezeigt. (Dazwischen ein Klacken und der Wischeffekt durch den Projektor.) Sie sind fröhlich, im Urlaub, Freizeitvergnügen, albern. Titel (einmal spiegelverkehrt, einmal normal geschriebener Haupttitel): Hochzeiten. Ein Film von Maike Wetzel. Eine Produktion von Sophie Plettner und Aleks Vulic.
Das letzte Dia fängt an zu leben: Omid und Ilse sitzen traut vereint auf dem Sofa.

1. Wohnzimmer (Ilse). Innen. Tags. (Musik)

Es ist Januar 2000. Das Wohn- und Schlafzimmer: Eine Landschaftstapete »Herbstwald« bedeckt eine ganze Wand. Die Zimmereinrichtung ist zusammengewürfelt, originell, witzig, gemütlich: Klappsofa, Kinderbilder von Rosalie, einige orientalische Accessoires und Bücher. Ilse ist 49 Jahre alt, laut und lebensfroh. Ihre Kleidung/Make-Up sind bunt und schrill. Sie trägt ein langes, rotes Samtkleid mit orientalischem Halsschmuck und lila Pumps zur hautfarbenen Strumpfhose. Omid, ca. 25–32 Jahre alt, dunkle Haut, Dreitagebart, herausgewachsene Frisur. Er trägt eine dunkle Wollhose und einen gemusterten Strickpullover mit Hemd darunter. Das Essen wurde von Ilse auf dem Couchtisch serviert. Die Teller sind fast leer. Rosalie hat ihre Haare gerade selbst geschnitten, sie

Accessoires modisches Zubehör

zupft ständig an einzelnen Strähnen. Die Frisur wirkt etwas steif und ungewohnt. Rosalie steht erst mit Jacke und Schal im Raum herum und setzt sich dann auf einen Campingstuhl. Sie kramt die ganze Zeit in ihrer Handtasche, checkt, ob Geld, Schlüssel, Pille da sind. Omid isst. Ilse rennt mit Schüsseln und Tellern im Raum herum.

Omid Rosalie, nimm dir. Es gibt Braten.

Ilse Was hast du mit deinen Haaren gemacht? Kind. *Sie legt Rosalie ein großes Stück Braten mit Soße und Knödel auf den Teller. Dazu Rotkraut.*

Rosalie Hab ich selbst geschnitten. Sieht's doof aus? – Danke. Das reicht. Ich hab keinen Hunger. *setzt sich*

Ilse *legt Rosalie weiter Essen auf.* Sieht gut aus!

Rosalie Echt? Is nicht zu kurz?

Ilse Nein, überhaupt nicht. Dir steht alles. – Hast du nen neuen Mann? Wann stellst du ihn mir denn endlich vor? Deinen Mister X?

Rosalie Wenn du so weiternervst, nie.

Omid Mhhm. Lecker. Das hast du super gemacht, Ilse. Lecker.

Rosalie *Sie bietet Omid ihren Teller an, er wehrt ab.* Willst du meins?

Omid Du musst essen. Deine Mutter hat so gut gekocht!

Rosalie Schau mal. Hab ich dir mitgebracht. *Sie zieht einen Mini-Fernseher (Spielzeug) aus der Tasche.*

Ilse Oh, der ist ja toll!

Rosalie Hier drücken und da durchgucken …

Ilse *macht es, lacht* Ey! Mensch, das bin ja ich! Und da bist du! Das war schön. Wann war das noch mal? Achtundachtzig?

Omid *probiert auch einen Blick zu erhaschen* Ich will auch sehen. Was ist da drin?

Ilse *drückt ihn sanft auf seinen Sitz* Nix für dich. Du kannst später gucken. Das ist von Rosalie für mich. Danke. *Sie umarmt Rosalie.*

Omid *isst weiter.*

Ilse *fortgesetzt* Ich hab nen schönen Anzug für dich gesehen. Blau.

Omid *zu Ilse* Aber nicht ohne mich bestellen! Du willst immer so starke Farben. Ich mag das nicht.

Ilse Keine Angst, hier läuft nix ohne dich!

Rosalie *zu Omid* Wozu brauchst du nen Anzug?

Omid *steht auf* Zum Feiern. Hat Ilse dir noch nichts gesagt?

Rosalie Was gesagt?

Omid ist aufgestanden und hat die orientalische Musik lauter gestellt. Ilse streift ihre Schuhe ab und beginnt einen Bauchtanz. Sie (bauch-)tanzen in dem mit Möbeln und Krimskrams voll gestellten Raum. Rosalie beobachtet die beiden. Omid fordert sie auf mitzumachen. Sie winkt ab. Omid und Ilse schauen sich in die Augen. Rosalie steht auf und beginnt Geschirr in die Küche zu tragen.

Standbild aus dem Film »Hochzeiten« von Maike Wetzel

Arbeitsanregungen

1. Vergleichen Sie den Beginn der Geschichte »Hochzeiten« von Maike Wetzel mit der ersten Szene ihres Drehbuches.

2. Schreiben Sie das Drehbuch fort, indem Sie einen Überblick über die weiteren Szenen/Sequenzen geben.

3. Wie könnte die Schlusspassage des Drehbuches aussehen?

4. Beschreiben Sie das Hochzeitsfoto. Was empfinden und denken die hier abgebildeten Personen?

5. Welche weiteren Erzählungen des Textbandes bieten sich für eine Verfilmung an?

6. Präsentieren Sie eine der Geschichten von Nadja Einzmann in Form einer Foto-Erzählung.

7. Stellen Sie Maike Wetzels Geschichte »Auf dem Eisernen Steg« szenisch dar.

Textquellen

Baßler, Moritz: Die neuen Archivisten. Aus: Der deutsche Pop-Roman. München: C.H. Beck 2002. S. 184–187.

Eden, Wiebke: Judith Hermann: »Eine Geschichte nimmt mich an die Hand«. Aus: Keine Angst vor großen Gefühlen. Die neuen Schriftstellerinnen. Berlin: edition ebersbach 2001. S. 34–38.

Eden, Wiebke: Maike Wetzel: »Wenn der Knoten platzt, wird Schreiben toll«. Aus: Keine Angst vor großen Gefühlen. Die neuen Schriftstellerinnen. Berlin: edition ebersbach 2001. S. 129–135.

Einzmann, Nadja/*Hermann,* Judith/*Wetzel,* Maike: Antworten auf Fragen der Herausgeber. Unveröffentlichtes Manuskript 2003.

Grünbein, Durs: Wussten wir? Aus: D. G.: Falten und Fallen. Gedichte. Frankfurt/M.: Suhrkamp 1994.

Hahn, Ulla: Spielregeln. Aus: U. H.: Herz über Kopf. Stuttgart: Deutsche Verlagsanstalt 1981.

Illies, Florian: Die Traumwandlerin. Aus: Frankfurter Allgemeine Zeitung Nr. 241 vom 17.10.1998.

Illies, Florian: Generation Golf. Aus: F. I.: Generation Golf. Eine Inspektion. Frankfurt/M.: Fischer 2003. S. 165–168; 172f.

Kracht, Christian: Faserland. Roman. München: Goldmann 1997. S. 9–11.

Kunert, Günter: Termitenbau. [1974.] Aus: Der andere Planet. Ansichten von Amerika. München: dtv 1982. S. 116f.

Schick, Uwe: Schwankende Lieblichkeit. Aus: Am Erker Nr. 42/2001.

Sölle, Dorothee: Der Tod am Brot allein. Aus: Worauf ist Verlass? Bibelarbeit und Vorträge. 15. Deutscher Evangelischer Kirchentag. Stuttgart: Kreuz Verlag 1973. S. 76f.

Spiegel, Hubert: Eisschollenbewohner auf großer Fahrt. Aus: Frankfurter Allgemeine Zeitung Nr. 117 vom 20.05.2000.

Strauß, Botho: Beziehungen. Aus: B. St.: Paare, Passanten. München: Hanser Verlag 1981. S. 16–18.

Ulrich, Winfried: Poetik der Kurzgeschichte. Aus: W.U. (Hrsg.): Deutsche Kurzgeschichten 11.–13. Schuljahr. Stuttgart: Reclam 1973. S. 4f.

Wetzel, Maike: Hochzeiten. Drehbuch. Unveröffentlichtes Manuskript 2000.

Wohmann, Gabriele: Ein netter Kerl. Aus: G. W.: Habgier. Erzählungen. Reinbek bei Hamburg: Rowohlt 1978. S. 68–70.

Bildquellen

Seite 90: Nadja Einzmann. © formvorrat.
Seite 91: Judith Hermann. © Jürgen Bauer.
Seite 92: Maike Wetzel. © formvorrat.
Seite 104 oben: New York, Upper West Side. Aus: »Die Katze Erinnerung«. Uwe Johnson – Eine Chronik in Briefen und Bildern. Zusammengestellt von Eberhard Fahlke. Frankfurt/M.: Suhrkamp 1994. S. 192.
Seite 104 unten: Der Eiserne Steg, Frankfurt am Main. Aus: Flohmärkte in Europa. Eltville am Rhein: Rheingauer Verlagsgesellschaft 1979. S. 79. © Jan Roewer, Frankfurt/M.
Seite 105 oben: Usedom. Aus: Wege am Meer. Köln: DuMont monte Verlag 2002. © Rainer Groothuis.
Seite 105 unten: Peitz, Gutshaus Luisenruh. Aus: Burgen, Schlösser, Gutshäuser in Brandenburg und Berlin. Hrsg. von Bruno J. Sobotka. Fotografien von Jürgen Strauss. Stuttgart: Theiss Verlag 1993. S. 194.
Seite 116: Love Parade in Berlin 2001. © dpa.
Seite 139: Standbild aus dem Film »Hochzeiten«. © Maike Wetzel.

Anmerkungen

S. 25

Beachboys Amerikanische Popgruppe der sechziger und siebziger Jahre; propagierte mit ihren Platten ewige Jugend und unaufhörlichen Aktivismus.

S. 32

Russen schon vor Berlin Anfang 1945 steht die Rote Armee kurz vor Berlin.

S. 37

Washington-Jefferson George W. Washington (1732–1799): erster Präsident der USA; Thomas Jefferson (1743–1826): dritter Präsident der USA.

S. 41

Mozart Wolfgang Amadeus Mozart, österreichischer Komponist (1756–1791), Hauptvertreter der Wiener Klassik.

Beethoven Ludwig van Beethoven, deutscher Komponist (1770–1827).

Schubert Franz Schubert, österreichischer Komponist (1797–1828).

Bach Johann Sebastian Bach, deutscher Komponist (1685–1750).

Glenn Gould Kanadischer Pianist (1932–1982), bekannt durch seine Einspielungen der Klavierkompositionen von J. S. Bach.

S. 49

Halloweenmasken Halloween ist in Amerika der Tag vor Allerheiligen, an dem Masken getragen werden.

S. 53

Satie Eric Satie, französischer Komponist und Pianist (1866–1925).

Janis Joplin Amerikanische Rock- und Bluessängerin (1943–1970).

Astor Piazolla Argentinischer Komponist (1921–1992), veränderte die klassische Form des Tangos.

Schumann Robert Schumann, deutscher Komponist (1810–1856).

Stevens Cat Stevens, englischer Folk-Rocksänger (geb. 1948).

Callas-Arien Von Maria Callas (italienische Opernsängerin, 1923–1977) gesungene Arien.

S. 54

Truman Capote Amerikanischer Schriftsteller (1924–1984); Verfasser von Romanen (z. B. »Kaltblütig«), Dramen und Kurzgeschichten.

S. 57

Trans-AM-Kassette Kassette von Trans-AM, einer 1990 in Maryland gegründeten Popgruppe, die mit elektronisch-synthetischer Musik experimentierte.

S. 58

Stalin-Bauten Bauten im repräsentativen Stil im Ostteil Berlins während der stalinistischen Ära (ca. 1951–1960).

Fassbinder Rainer Werner Fassbinder, deutscher Regisseur, Filmautor und Dramatiker (1945–1982).

S. 59

Castorf Frank Castorf, Berliner Theaterintendant und Regisseur (geb. 1951).

Heiner Müller Bedeutender deutscher Dramatiker und Filmregisseur (1929–1995).

Wawerzineks Peter Wawerzinek, Berliner Musiker, Schriftsteller und »Stegreifpoet« (geb. 1954).

S. 61

Donizettiarie Gaetano Donizetti, ital. Opernkomponist (1797–1848).

S. 67

Paolo Conte Italienischer Komponist und Sänger (geb. 1937).

American Psycho 1991 erschienener gesellschaftskritischer Roman von Bret Easton Ellis über die Yuppie-Generation mit vielen Gewaltszenen.

S. 74

Samenbank Einrichtung für die Konservierung von Sperma für künstliche Befruchtung.

S. 99

Egon Erwin Kisch Mutiger Journalist (1885–1948), der 1921 in Österreich ausgewiesen, 1933 in Berlin verhaftet und abgeschoben wurde. Nach ihm wurde eine Auszeichnung für hervorragende journalistische Tätigkeit benannt.